よくわかるFPシリーズ

合格テキスト FP技能士1級

2 年金・社会保険

TAC FP講座 編

はじめに

日常生活に役立つ知識を幅広く得られる資格、それがFP資格です。銀行、証券会社、保険会社等の金融業界や、不動産業界などでは、FP技能士２級は必須といわれるほど浸透した資格となりました。２級まで取得された方は、学習以前と比べて視野が広がったことを実感されているでしょう。

FPの資格が活かせるのは、金融業界に限りません。独立してFP事務所を構え、お金の相談にかかわっていくためには、やはり、１級レベルの知識が必要になってきます。学習した知識が実務に直結する、それがFP技能士１級なのです。

そして、これからの高齢化社会における重要課題となるのが年金・社会保険です。「ねんきん定期便」ひとつとっても、使われている用語から、そこに記載されている数字の意味まで、きちんと理解しておかないと、リタイア後の生活のベース資金を考えることすらできません。このような複雑な制度設計をもつ年金・社会保険ですが、これらの生活へ与える影響は多大なものとなります。

この複雑さをきちんと理解したうえで、１級FP技能検定にのぞみ、合格を勝ち取るためには、適切なインプットとアウトプットが必要になります。本書は、合格するために必要かつ十分な知識が整理されており、効率よく勉強することができるようにまとめられています。さらに、本書に準拠した「合格トレーニング１級」による問題演習を行えば、合格できる力が確実に身についていきます。

本書を最大限に活用することで、FP技能士１級合格をつかみとり、将来の夢の実現につながることを心より祈念いたします。

2024年５月

TAC　FP講座

本書の特長・利用方法

PICK UP 1

出題傾向・全体像

章扉のページに過去６回分の出題状況を示してあります。出題されたテーマには☆印がついているので、重点的に学習しましょう。

重要論点を確認し、学習内容を把握しておきましょう。

第2章

公的医療保険等

過去の出題状況	2022.5	2022.9	2023.1	2023.5	2023.9	2024.1
健康保険		☆	☆	☆	☆	
国民健康保険		☆		☆		
後期高齢者医療制度						
公的介護保険	☆					☆

1. 公的医療保険の概要
　公的医療保険の全体像を知る。

2. 健康保険
　健康保険の保険料や主な給付を学ぶ。

3. 国民健康保険
　国民健康保険と健康保険との違いを意識して学ぶ。

4. 後期高齢者医療制度
　75歳になると全員が加入する後期高齢者医療制度を学ぶ。

5. 公的介護保険
　公的介護保険の被保険者、保険料、自己負担などを学ぶ。

PICK UP 2

重要語句・図表

重要な用語・内容を色付き文字で目立たせ、覚えるべき語句が把握しやすくなっています。

図表や資料を多用して説明をわかりやすくまとめ、視覚的にもスムーズに理解できるようにしました。

5 給付額の改定

1 マクロ経済スライド

公的年金では、物価の変動に応じて年金額の実質価値を維持するため、消費者物価指数の変動によって年金給付額を調整する「物価スライド制」がとられていたが、2004年の年金制度改正により給付水準の調整方法として「マクロ経済スライド」が導入されることになった。「マクロ経済スライド」とは、現役世代の公的年金加入者の減少と平均余命の伸びを年金額の調整に反映させることで、年金額の伸びを抑制して改定する仕組みのことをいう。具体的には、「公的年金被保険者総数の変動（当該年度の前々年度までの３年度平均）と平均余命の伸びを勘案した一定率」（スライド調整率）を用いて年金額を改定している。

本来、2004年10月から実施されることになっていた「マクロ経済スライド」による調整は、物価スライドによる特例水準が解消された2015年４月以降に本格的に始動している。さらに、2016年12月に成立した、いわゆる「年金改革法」により、2018年４月以降、年金額の改定ルールが見直された。具体的には、名目下限措置を維持しつつ、賃金・物価上昇の範囲内で前年度までの未調整分を調整するというものである。

■改定ルール見直し後のマクロ経済スライドのイメージ

① 景気拡大期（賃金・物価がある程度上昇した場合）
（「賃金・物価変動率≧調整率」の場合）

賃金・物価の伸び
改定率
調整率
賃金・物価の伸びを調整率を用いて抑制した率を「改定率」とする

② 景気後退期（賃金・物価の上昇が小さい場合）
（「賃金・物価変動率＜調整率」の場合）

賃金・物価の伸び
改定率
調整率
賃金・物価の伸びを調整率を用いて抑制するが、マイナス改定はしない。つまり「改定率」は増減なし（名目下限措置）
未調整分をキャリーオーバー

58

PICK UP 3

重要公式・POINT!

本試験で計算問題を解く際に重要となる公式には色付きのアミをかけて強調しています。

項目の最後に設けた **POINT!** で、覚えるべき事柄を把握しておきましょう。

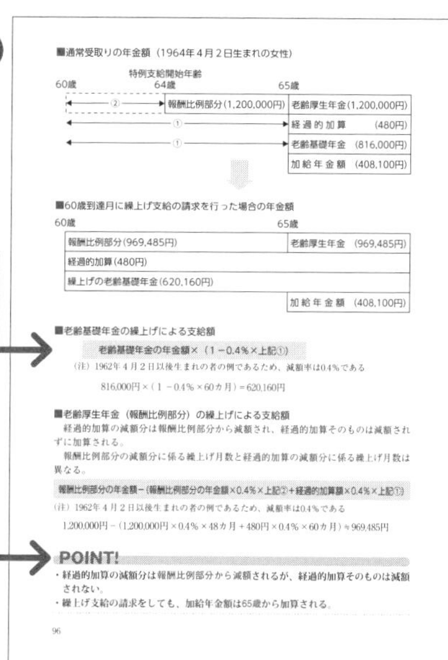
■通常受取りの年金額（1964年4月2日生まれの女性）

■60歳到達月に繰上げ支給の請求を行った場合の年金額

■老齢基礎年金の繰上げによる支給額

老齢基礎年金の年金額×（1－0.4％×上記①）

（注）1962年4月2日以後生まれの者の例であるため、減額率は0.4％である

816,000円×（1－0.4％×60カ月）＝620,160円

■老齢厚生年金（報酬比例部分）の繰上げによる支給額

経過的加算の減額分は報酬比例部分から減額され、経過的加算そのものは減額されずに加算される。

報酬比例部分の減額分に係る繰上げ月数と経過的加算の減額分に係る繰上げ月数は異なる。

報酬比例部分の年金額－（報酬比例部分の年金額×0.4％×上記②＋経過的加算額×0.4％×上記①）

（注）1962年4月2日以後生まれの者の例であるため、減額率は0.4％である

1,200,000円－（1,200,000円×0.4％×48カ月＋480円×0.4％×60カ月）≒969,485円

POINT!

・経過的加算の減額分は報酬比例部分から減額されるが、経過的加算そのものは減額されない。

・繰上げ支給の請求をしても、加給年金額は65歳から加算される。

96

PICK UP 4

チェックテスト

章末には、インプットした内容を確認できるように、○×形式のチェックテストを掲載しています。簡潔にまとめられていますので、すばやく復習ができます。必ず解いてみましょう。

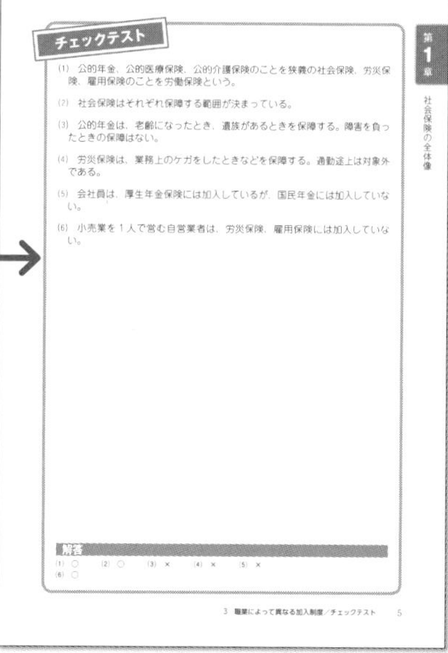
第1章 社会保険の全体像

チェックテスト

(1) 公的年金、公的医療保険、公的介護保険のことを狭義の社会保険、労災保険、雇用保険のことを労働保険という。

(2) 社会保険はそれぞれ保障する範囲が決まっている。

(3) 公的年金は、老齢になったとき、遺族があるときを保障する。障害を負ったときの保障はない。

(4) 労災保険は、業務上のケガをしたときなどを保障する。通勤途上は対象外である。

(5) 会社員は、厚生年金保険には加入しているが、国民年金には加入していない。

(6) 小売業を1人で営む自営業者は、労災保険、雇用保険には加入していない。

解答

(1) ○ (2) ○ (3) × (4) × (5) ×
(6) ○

3 職業によって異なる加入制度／チェックテスト 5

FP技能士・1級試験のしくみ

1級FP技能検定　試験概要

試験実施団体	金融財政事情研究会（金財）	
試験科目と出題形式	【学科試験】	基礎編　マークシート方式による筆記試験、四答択一式 応用編　記述式による筆記試験
	【実技試験】	口頭試問形式
受検資格	①２級技能検定合格者で、FP業務に関し１年以上の実務経験を有する者、②FP業務に関し５年以上の実務経験を有する者、③厚生労働省認定金融渉外技能審査２級の合格者で、１年以上の実務経験を有する者	
試験日	【学科試験】	9月・1月・5月の年３回
	【実技試験】	6月・10月・2月の年３回
試験時間	【学科試験】	基礎編 10：00~12：30 応用編 13：30~16：00
	【実技試験】	面接開始約15分前に設例配布、各面接の１人当たり所要時間は約12分
出題数と合格基準	【学科試験】	基礎編　50問、応用編　5題、200点満点で120点以上
	【実技試験】	異なる設例課題に基づき２回面接、200点満点で120点以上

1級試験 お問い合わせ先
一般社団法人　金融財政事情研究会　検定センター
https://www.kinzai.or.jp/
TEL 03-3358-0771

1級FP技能士とCFP®

- ２級FP技能検定合格者で１年以上のFP実務経験を有する者
- ５年以上のFP実務経験を有する者

FP技能士１級学科試験を受検・合格！

- AFP登録者
- FP協会が認めた大学で所定の単位を取得した者

CFP® 資格審査試験を受検・合格！
↓
CFP® エントリー研修
↓
３年間の実務経験要件充足・日本FP協会登録により、CFP® として認定

実技試験を受検・合格！

1級FP技能士に！

目　次

第1章

社会保険の全体像

1. 社会保険の種類

社会保険の種類を知る。

2. 保障する範囲

それぞれの社会保険の保障する範囲を大きくつかむ。

3. 職業によって異なる加入制度

会社員と自営業者とでは、加入している社会保険が異なることを知る。

1 社会保険の種類

社会保険とは、国が強制的に保障制度として行っている保険のことである。死亡・病気・失業・障害などのような困ったことが起きたときにも、国民みんなが安心して暮らせるようにすることを目的としている。種類としては、国民年金・厚生年金保険・国民健康保険・健康保険・公的介護保険・雇用保険・労災保険・共済組合等がある。一般的には、国民年金や厚生年金保険のことを「公的年金」、国民健康保険や健康保険のことを「公的医療保険」という。また、公的年金・公的医療保険・公的介護保険のことを狭い意味での社会保険、雇用保険・労災保険のことを「労働保険」と呼ぶ場合もある。

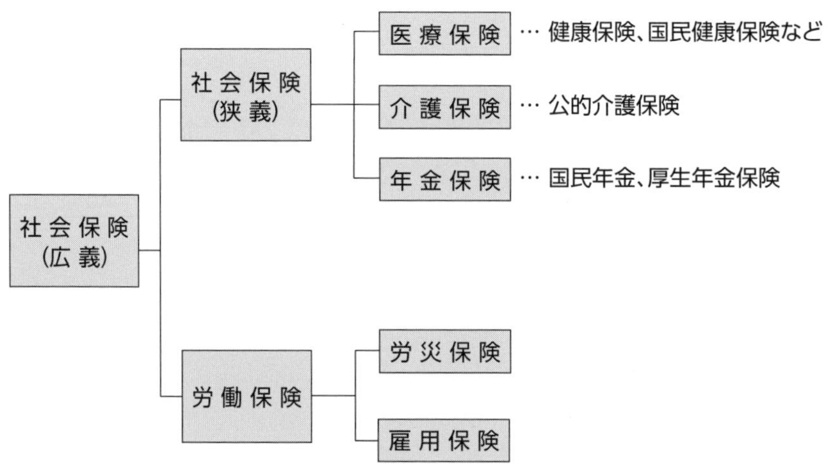

POINT!

公的年金、公的医療保険、公的介護保険のことを狭義の社会保険といい、労災保険、雇用保険のことを労働保険という。

2 保障する範囲

社会保険は、それぞれ保障する範囲が決まっている。

1 公的年金

国民年金、厚生年金保険のことをいう。老齢になったとき、遺族があるとき、障害を負ったときを保障する。

2 公的医療保険

健康保険、国民健康保険などのことで、病気やケガをしたときなどを保障する。

3 労災保険

正式名称は、労働者災害補償保険という。業務上および通勤途上にケガをしたときなどを補償する。

4 雇用保険

失業したときなどを保障する。

5 公的介護保険

介護が必要になったときを保障する。

<table>
<tr><th colspan="3"></th><th>出産</th><th>病気
ケガ</th><th>死亡
(埋葬)</th><th>死亡
(遺族)</th><th>障害</th><th>老齢</th><th>介護</th><th>失業</th></tr>
<tr><td rowspan="3">会社員</td><td colspan="2">業務上</td><td rowspan="2">—</td><td colspan="2" rowspan="2">労災保険</td><td colspan="2" rowspan="2">労災保険
国民年金
厚生年金保険</td><td rowspan="3">国民年金
厚生年金保険</td><td rowspan="2">労災保険
公的介護保険</td><td rowspan="3">雇用保険</td></tr>
<tr><td rowspan="2">業務外</td><td>通勤</td></tr>
<tr><td>その他</td><td colspan="3">健康保険</td><td colspan="2">国民年金
厚生年金保険</td><td>公的介護保険</td></tr>
<tr><td colspan="3">自営業者</td><td colspan="3">国民健康保険</td><td colspan="3">国民年金</td><td>公的介護保険</td><td>—</td></tr>
</table>

POINT!

社会保険は、それぞれ保障する範囲が決まっている。

3 職業によって異なる加入制度

国民皆年金、国民皆保険ということばがあるように、すべての人が何らかの公的年金と公的医療保険に加入している。ただし、職業や立場などによって加入している制度が異なり、そのため受けられる保障も異なってくる。なお、公的介護保険には、職業にかかわらず40歳以上の人がすべて加入している。

1 会社員

会社員は、健康保険（公的介護保険）・厚生年金保険・労災保険・雇用保険に加入している。厚生年金保険に加入していれば、同時に国民年金にも加入していることになる。

	種類	主な窓口
社会保険	健康保険	全国健康保険協会の都道府県支部、年金事務所もしくは健康保険組合
	公的介護保険	市区町村役場等
	厚生年金保険 国民年金	年金事務所等
労働保険	労災保険	労働基準監督署
	雇用保険	公共職業安定所

2 自営業者

自営業者は、国民健康保険（公的介護保険）・国民年金に加入している。労災保険・雇用保険には加入していない。

	種類	主な窓口
社会保険	国民健康保険	市区町村役場等
	公的介護保険	市区町村役場等
	国民年金	市区町村役場や年金事務所
労働保険	—	

POINT!

会社員は、健康保険・公的介護保険・厚生年金保険・国民年金・労災保険・雇用保険に加入している。自営業者は、国民健康保険・公的介護保険・国民年金に加入している。

チェックテスト

⑴ 公的年金、公的医療保険、公的介護保険のことを狭義の社会保険、労災保険、雇用保険のことを労働保険という。

⑵ 社会保険はそれぞれ保障する範囲が決まっている。

⑶ 公的年金は、老齢になったとき、遺族があるときを保障する。障害を負ったときの保障はない。

⑷ 労災保険は、業務上のケガをしたときなどを保障する。通勤途上は対象外である。

⑸ 会社員は、厚生年金保険には加入しているが、国民年金には加入していない。

⑹ 小売業を1人で営む自営業者は、労災保険、雇用保険には加入していない。

解答

⑴ ○ ⑵ ○ ⑶ × ⑷ × ⑸ ×
⑹ ○

第2章

公的医療保険等

過去の出題状況	2022.5	2022.9	2023.1	2023.5	2023.9	2024.1
健康保険		☆	☆	☆	☆	
国民健康保険		☆		☆		
後期高齢者医療制度						
公的介護保険	☆					☆

1. 公的医療保険の概要

公的医療保険の全体像を知る。

2. 健康保険

健康保険の保険料や主な給付を学ぶ。

3. 国民健康保険

国民健康保険と健康保険との違いを意識して学ぶ。

4. 後期高齢者医療制度

75歳になると全員が加入する後期高齢者医療制度を学ぶ。

5. 公的介護保険

公的介護保険の被保険者、保険料、自己負担などを学ぶ。

1 公的医療保険の概要

公的医療保険には、職域保険である被用者医療保険と、地域保険である国民健康保険がある。75歳になると、すべての人が後期高齢者医療制度に加入する。

1 被用者医療保険

被用者医療保険の代表的なものは、健康保険である。会社員が、事業所単位で加入する。このほかには、特定の職業の者が加入する国家公務員共済組合、地方公務員等共済組合、私立学校教職員共済などがある。

2 国民健康保険

被用者医療保険に加入していない地域住民を対象とする国民健康保険がある。自営業者等が個人で加入する。

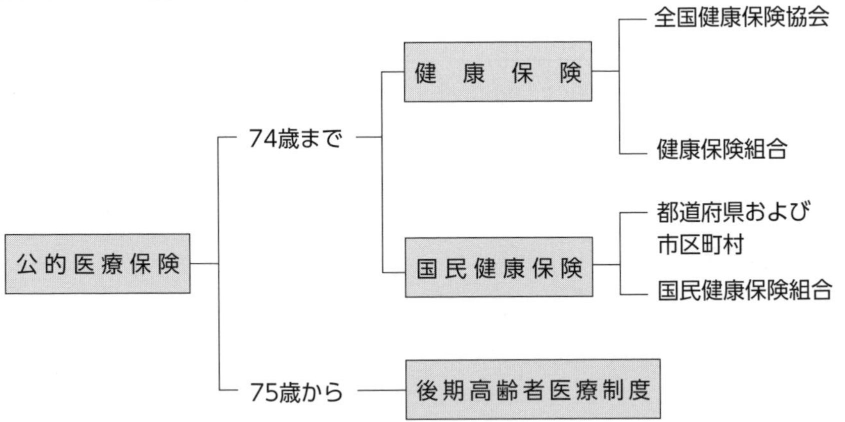

3 後期高齢者医療制度

すべての75歳以上の人が対象である。

POINT!

- 会社員は健康保険に加入する。
- 自営業者は国民健康保険に加入する。
- 75歳になると、すべての人が後期高齢者医療制度に加入する。

2 健康保険

健康保険は、健康保険の適用事業所で働く被保険者とその被扶養者に対して、労働者災害補償保険の業務災害（通勤災害）以外の理由による病気、ケガ、死亡、出産について保険給付を行う。

1 保険者

健康保険の保険者には、全国健康保険協会と健康保険組合の２つがある。全国健康保険協会が運営する健康保険を全国健康保険協会管掌健康保険（協会けんぽ）といい、健康保険組合が運営する健康保険を組合管掌健康保険（組合健保）という。協会けんぽは主に中小企業を対象とし、組合健保は主に大企業を対象としている。

制度名	被保険者	保険者	窓口
全国健康保険協会管掌健康保険	主に中小企業の会社員	全国健康保険協会	全国健康保険協会の都道府県支部、年金事務所
組合管掌健康保険	主に大企業の会社員	健康保険組合	健康保険組合

2 一般被保険者

常時従業員がいる法人事業所や、常時５人以上の従業員がいる適用業種の個人事業所は、強制適用事業所となる。適用業種には弁護士・税理士・社会保険労務士などの士業も含まれる。適用事業所に使用される者は被保険者となり、法人の役員も被保険者となる。強制適用事業所である個人事業所の事業主は、使用される者に該当しないため、被保険者とならない。

3 被保険者となる短時間労働者

次の要件をいずれも満たす者は被保険者となる。

① １週間の所定労働時間が、一般従業員の４分の３以上

② １カ月の所定労働日数が、一般従業員の４分の３以上

2024年10月から、被保険者が常時51人以上の事業所を特定適用事業所とし、次の要件を満たす短時間労働者は被保険者となる。

① １週間の所定労働時間が20時間以上

② 賃金月額88,000円以上

③ 雇用期間の見込みが２カ月超

④ 学生でない者

なお、2024年９月までは、被保険者が常時101人以上の事業所を特定適用事業所とし、そこで使用される短時間労働者は被保険者となる。

4 適用除外

次のいずれかに該当する者は、原則として健康保険の被保険者とされない。

被保険者とされない者	例外
臨時に使用される者（船舶所有者に使用される船員を除く）であって、次に掲げる者 ①日々雇い入れられる者 ②2カ月以内の期間を定めて使用される者であって、当該期間を超えて使用されることが見込まれない者	①に掲げる者にあっては1カ月を超え、②に掲げる者にあっては所定の期間を超え、引き続き使用されるに至った場合には、それぞれ超えた日から被保険者となる
所在地が一定しない事業所に使用される者	—
季節的業務に使用される者（船舶所有者に使用される船員を除く）	当初から継続して4カ月を超えて使用される予定の場合は、使用された日から被保険者となる
臨時的事業の事業所に使用される者	当初から継続して6カ月を超えて使用される予定の場合は、使用された日から被保険者となる

5 被扶養者

被扶養者は、被保険者により生計を維持する者でなければならない。また、被扶養者は日本国内に住所を有する者、または海外留学生のように日本国内に住所を有しないが渡航目的その他の事情を考慮して日本国内に生活の基礎があると認められる一定の者に限られる。ただし、国内に住所を有していても、被扶養者になれない一定の場合（医療滞在ビザで来日した者など）がある。

■被扶養者の範囲

被保険者と別居していてもよい者	被保険者と同居が条件となる者
配偶者（内縁も含む） 子・孫・兄弟姉妹 直系尊属	左記以外の3親等内の親族 被保険者の内縁の配偶者の父母および子 内縁の配偶者死亡後の父母・連れ子

■収入基準

被保険者と同一世帯の者	被保険者と別世帯の者
年間収入が130万円未満（60歳以上または障害者は180万円未満）。また、収入には、公的年金制度の障害給付・遺族給付や雇用保険の失業等給付などが含まれる。	
原則として、被保険者の年収の2分の1未満	被保険者からの援助額（仕送り額など）より収入が少ないこと

6 保険料

（1）保険料率

協会けんぽの保険料率は都道府県ごとに異なっており、2024年度の保険料率は全国平均で10%である。この保険料は、原則として、事業主と被保険者が折半して負担する。これを労使折半という。また、標準報酬月額、標準賞与額のいずれにも同じ保険料率が適用されることを**総報酬制**といい、2003年4月から導入されている。

協会けんぽの保険料	標準報酬月額および標準賞与額×都道府県単位保険料率
組合健保の保険料	標準報酬月額および標準賞与額×3.0%～13.0% （注）組合健保の保険料率は、上記の範囲内で健康保険組合が自主的に決めることができる。

（2）標準報酬月額

標準報酬月額とは、健康保険料・介護保険料・厚生年金保険料を計算するときに用いるもので、毎年4月から**6月**までの給料の平均値をもとに決定する（**定時決定**）。本来、給料は残業などによって毎月変動するが、便宜上この3カ月間の給料の平均値をもとに決定した標準報酬月額をその後1年間（**9月**から翌年**8月**）の保険料算定で用いる。標準報酬月額は区切りのよい等級で区分されている。健康保険では月額5万8,000円から139万円までの50等級に区分されている。

（3）標準賞与額

標準賞与額とは、3カ月を超える期間ごとに支払われるボーナスの額の1,000円未満の端数を切り捨てたもので、上限額が定められている。年度の累計額**573万円**が上限となっている。

標準報酬月額	4・5・6月の給料の平均（等級：5万8,000円から139万円の50等級）
標準賞与額	年度の累計額573万円が上限

（4）産前産後休業・育児休業中の保険料免除

産前産後休業・育児休業中の保険料は、**子が3歳になるまで**、事業主の申出により、本人負担分・事業主負担分ともに免除される。

なお、育児休業を開始した月の末日に育児休業が終了していた場合でも、当該月内の育児休業が**14日以上**あるときは、当該月の保険料が免除される。賞与に係る保険料については、賞与支払月の末日を含む**1カ月超**の育児休業をしていた場合に免除される。

7 健康保険の主な給付

健康保険は、業務外の病気やケガなどを保障する。健康保険の給付には、大きく分けて疾病・負傷に関する給付・出産に関する給付・死亡に関する給付がある。被保険者だけでなく、被扶養者も保険給付を受けることができる。ただし、被扶養者には、傷病手当金、出産手当金は支給されない。

給付内容	疾病 負傷	① 療養の給付 ② 療養費 ③ 保険外併用療養費 ④ 高額療養費 ⑤ 高額介護合算療養費 ⑥ 傷病手当金 ⑦ 入院時食事療養費 ⑧ 入院時生活療養費 ⑨ 訪問看護療養費 ⑩ 移送費
	出産	① 出産育児一時金　② 出産手当金
	死亡	① 埋葬料・埋葬費

8 療養の給付（家族療養費）

病気やケガをして病院へ行ったときには（労働者災害補償保険の業務災害・通勤災害を除く）、保険証（被保険者証）を提示することによって、一部負担金を支払うだけで診察・投薬・処置・手術・入院など必要な治療を受けることができる。つまり、現物給付である。そして、実際にかかった医療費の残りは健康保険から病院へ支払われることになる。被扶養者の分については、家族療養費という。

年齢		一部負担金
0歳から小学校入学前まで		2割
小学校入学から70歳未満		3割
70歳以上 75歳未満	現役並み所得者	3割
	一般所得者	2割

■療養の給付のイメージ図

←　実際にかかった医療費 10 万円　→

病院の窓口で支払う金額 3万円　（注）3割負担の場合	健康保険から病院へ支払われる金額 7万円

9 保険外併用療養費

保険診療と保険外診療を受けた場合、医療費の全額が自己負担となるが、厚生労働大臣の定める評価療養、患者申出療養、選定療養については保険診療と併用することができる。この場合、診察、検査、投薬、入院料等の通常の治療と共通する部分の費用は、一般の保険診療と同様に一部負担金を支払い、残りの部分の費用は保険外併用療養費として給付が行われる。

評価療養	厚生労働大臣が定める高度の医療技術を用いた療養その他の療養であって、療養の給付の対象とすべきものであるか否かについて、適正な医療の効率的な提供を図る観点から評価を行うことが必要な療養（患者申出療養を除く）として厚生労働大臣が定めるもの （例）先進医療、医薬品・医療機器の治験に係る診療など

患者申出療養	高度の医療技術を用いた療養であって、当該療養を受けようとする者の申出に基づき、療養の給付の対象とすべきものであるか否かについて、適正な医療の効率的な提供を図る観点から評価を行うことが必要な療養として厚生労働大臣が定めるもの （例）未承認薬による治療、対象者から外れた治験など
選定療養	被保険者の選定に係る特別の病室の提供その他の厚生労働大臣が定める療養 （例）病床数200以上の病院を紹介状なしで受けた初診、時間外診療など

10 高額療養費

高額療養費とは、1カ月当たりの保険対象分の自己負担額が高額になったときに後から払い戻してくれるものである。自己負担額の上限は所得に応じて決められており、その上限（高額療養費算定基準額という）を超えた分が払い戻される。

■高額療養費のポイント（70歳未満のケース）

- 同一月ごと、同一診療ごと、同一の医療機関ごと（外来・入院別、医科・歯科別）に行われる
- 被保険者または被扶養者が複数の医療機関にかかり、それぞれ21,000円以上の額は、医科・歯科、入院・通院を合算可
- 同一世帯内で同じ月に、自己負担額が21,000円以上のものが２件以上あれば、一世帯で合算した金額が対象。ただし、夫婦がそれぞれ被保険者である場合は、同一世帯ではないため合算できない
- 入院時食事療養費や入院時生活療養費の自己負担額、保険外併用療養費の差額部分（先進医療費や差額ベッド代など）は対象外
- 同一世帯で直前の１年間（12カ月間）に、すでに３回以上高額療養費の支給を受けていて、さらに４回以上高額療養費が支給される場合は、４回目からは自己負担限度額が一定の金額に軽減される
- 領収日から２年以内であれば請求可（時効２年）
- 限度額適用認定証を申請して医療機関に提示すると（入院療養等について）、高額療養費が現物給付される（窓口での支払いが自己負担限度額までとなる）。マイナンバーカードを被保険者証として利用できる保険医療機関の場合、限度額適用認定証がなくても、窓口での支払いが自己負担限度額までとなる
- 外来療養においても高額療養費が現物給付される

■70歳未満／1カ月当たりの自己負担限度額

所得区分	医療費の自己負担限度額
①区分ア （標準報酬月額83万円以上）	252,600円＋（医療費－842,000円）×1% （140,100円※）
②区分イ （標準報酬月額53万～79万円）	167,400円＋（医療費－558,000円）×1% （93,000円※）
③区分ウ （標準報酬月額28万～50万円）	80,100円＋（医療費－267,000円）×1% （44,400円※）
④区分エ （標準報酬月額26万円以下）	57,600円 （44,400円※）
⑤区分オ（低所得者） （被保険者が住民税の非課税者など）	35,400円 （24,600円※）

※　多数回該当の場合の限度額。

■70歳以上75歳未満／1カ月当たりの自己負担限度額

所得区分		医療費の自己負担限度額	
		外来（個人ごと）	外来・入院（世帯）
現役並み所得者	標準報酬月額83万円以上	252,600円＋（医療費－842,000円）×１% （140,100円※3）	
現役並み所得者	標準報酬月額53万～79万円	167,400円＋（医療費－558,000円）×１% （93,000円※3）	
現役並み所得者	標準報酬月額28万～50万円	80,100円＋（医療費－267,000円）×１% （44,400円※3）	
一般所得者	標準報酬月額26万円以下	18,000円 （年間上限144,000円）	57,600円 （44,400円※3）
低所得者	Ⅱ※1	8,000円	24,600円
低所得者	Ⅰ※2	8,000円	15,000円

※1　被保険者が市区町村民税の非課税者等である場合。

※2　被保険者とその扶養家族すべての人の収入から必要経費・控除額を除いた後の所得がない場合。

※3　多数回該当の場合の限度額。

■高額療養費のイメージ図（70歳未満、所得区分イの場合）

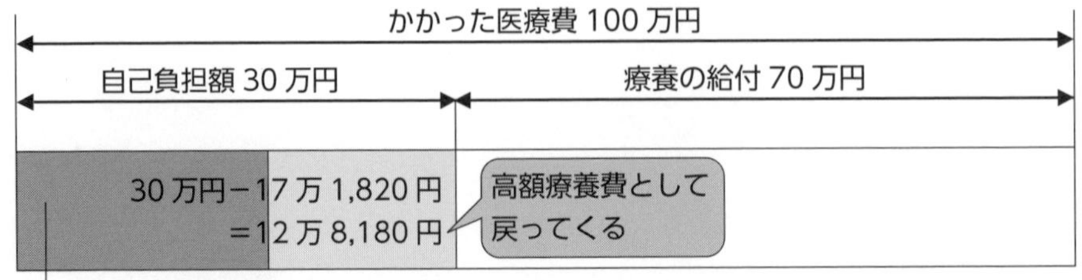

また、療養の給付に係る一部負担金等の額および介護保険の自己負担額の合計が基準額を超える場合に、超えた額が**高額介護合算療養費**として支給される。高額療養費や高額介護サービス費の支給を受けた場合は、これらを控除した額が基準額を超えているときに支給される。毎年８月から翌年７月までの１年間に支払った自己負担額が対象である。

■70歳未満

所得区分	基準額
①区分ア（標準報酬月額83万円以上）	212万円
②区分イ（標準報酬月額53万～79万円）	141万円
③区分ウ（標準報酬月額28万～50万円）	67万円
④区分エ（標準報酬月額26万円以下）	60万円
⑤区分オ（低所得者）（被保険者が住民税の非課税者など）	34万円

■70歳以上75歳未満（2018年８月以降）

所得区分		基準額
現役並み所得者	標準報酬月額83万円以上	212万円
	標準報酬月額53万～79万円	141万円
	標準報酬月額28万～50万円	67万円
一般所得者	標準報酬月額26万円以下	56万円
低所得者	Ⅱ※1	31万円
	Ⅰ※2	19万円※3

※１　被保険者が市区町村民税の非課税者等である場合。

※２　被保険者とその扶養家族すべての人の収入から必要経費・控除額を除いた後の所得がない場合。

※３　介護サービス利用者が世帯内に複数いる場合は31万円。

11 傷病手当金

傷病手当金とは、病気やケガで働けず給料がもらえないときに、給料の補填として支給されるものである。

支給要件	① 病気やケガのため療養中であること ② 療養のため仕事に就くことができないこと ③ 事業主から傷病手当金の額より多い給料をもらっていないこと ④ 連続3日（待期期間）を含み4日以上仕事に就けなかったこと。待期には有給休暇、土日・祝日等の公休日を含む。
支給額	休業1日につき「支給開始日以前の継続した12カ月間の各月の標準報酬月額を平均した額を30で除した額」の3分の2相当額
支給期間	支給開始日から通算1年6カ月（出勤日除く）

■傷病手当金の支給判定例

4月1日	4月2日	4月3日	4月4日	4月5日	4月6日	4月7日	4月8日	4月9日
休	出勤	休	休	出勤	休	休	休	休

連続して3日間休業（待期完成）

ここから支給開始

なお、被保険者資格を喪失した日の前日まで引き続き**1年以上**被保険者（任意継続被保険者を除く）であり、その資格を喪失した際に傷病手当金の支給を受けている場合は、資格喪失前の期間と通算して1年6カ月になるまで、継続して給付を受けることができる。

12 出産育児一時金（家族出産育児一時金）

子どもが生まれた場合には出産育児一時金または家族出産育児一時金が支給される。被保険者本人が出産した場合には出産育児一時金といい、被扶養者が出産した場合には家族出産育児一時金という。2023年4月以降、出産育児一時金の金額は**一児ごとに50万円**である。つまり、双子だと100万円になる（産科医療補償制度に加入していない医療機関等で出産したとき、または、妊娠週数22週未満で出産したときは、一児ごとに488,000円）。妊娠4カ月以後の出産であれば、たとえ死産であっても支給される。

出産育児一時金については、保険者が医療機関等に直接支払う**直接支払制度**を利用できる。この制度を利用する際には、保険者に対しての**事前申請は不要**であるが、出産前に、保険証を医療機関等に提示し、医療機関等と出産育児一時金の申請および受取りに係る代理契約を締結する必要がある。なお、出産費用が50万円未満である場合は、保険者に対して差額の支給を申請することができる。

なお、**1年以上**被保険者であった者が被保険者の資格を喪失した日後**6カ月以内**に出産したときは、被保険者として受けることができるはずであった出産育児一時金の支給を受けることができる。

13 出産手当金

出産のため仕事を休み給料がもらえない場合には、出産手当金が支給される。出産手当金の額は、休業１日につき「**支給開始日以前の継続した12カ月間の各月の標準報酬月額を平均した額を30で除した額**」の**３分の２相当額**である。支給されるのは、出産日以前42日（双子以上の場合は98日）から出産日後56日のうち休業した日数分である。出産日が予定日より遅れた場合には、その遅れた日数分も支給される。

出産手当金と傷病手当金の両方の支給要件を満たす場合、**出産手当金が優先**して支給され、**傷病手当金の額が出産手当金の額よりも多い場合、その差額が出産手当金に上乗せされて支給される**。

支給額	休業１日につき「支給開始日以前の継続した12カ月間の各月の標準報酬月額を平均した額を30で除した額」の３分の２相当額
支給期間	出産日以前42日から出産日後56日のうち休業した期間

■出産手当金の支給例

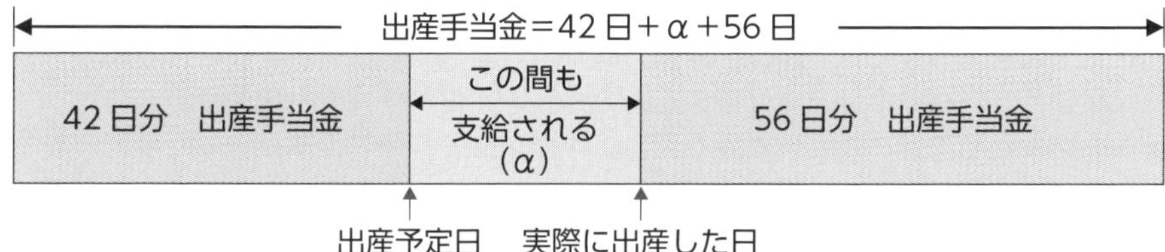

なお、被保険者の資格を喪失した日の前日まで引き続き１年以上被保険者（任意継続被保険者を除く）であり、その資格を喪失した際に出産手当金の支給を受けている場合は、被保険者として受けることができるはずであった期間、継続して給付を受けることができる。資格喪失後に配偶者が加入する健康保険の被扶養者となった場合でも、支給停止されない。

14 埋葬料・埋葬費（家族埋葬料）

被保険者が死亡したときは、被保険者に生計を維持されていた者で埋葬を行う者に**５万円**の埋葬料が支給される。死亡した被保険者に生計を維持されていた者がいないときは、実際に埋葬を行った者に対し、埋葬にかかった費用（５万円が限度）が埋葬費として支給される。なお、被扶養者が死亡した場合、家族埋葬料として被保険者に一律５万円が支給される。

被保険者が死亡した場合	埋葬を行った家族に対して一律５万円の埋葬料
被扶養者が死亡した場合	被保険者に対して一律５万円の家族埋葬料

次のいずれかに該当し、被保険者に生計を維持されていた者が埋葬を行ったときは、埋葬料の支給を受けることができる。

①資格喪失後に傷病手当金または出産手当金の支給を受けている者が死亡したとき。

②資格喪失後に傷病手当金または出産手当金の支給を受けていた者が、その給付を受けなくなった日後3カ月以内に死亡したとき。

③①・②以外の被保険者で被保険者の資格を喪失した日後3カ月以内に死亡したとき。

15 任意継続被保険者

会社を退職すると健康保険の資格を喪失する。ただし、資格喪失日の前日までに継続して**2カ月以上**の被保険者期間があり、資格喪失日から**20日以内**に申請することで、引き続き**2年間**、健康保険の被保険者の資格を継続させることができる。これを任意継続被保険者という。在職中の保険料は労使折半であるが、任意継続被保険者になると**全額自己負担**になる。協会けんぽの場合、保険料を計算する際の標準報酬月額は、本人の退職時の標準報酬月額と全被保険者の標準報酬月額を平均した額を報酬月額とみなしたときの標準報酬月額（2024年度は上限30万円）とを比べてどちらか**低い**額になる。

任意継続被保険者である間は、原則として、在職中の被保険者が受けることができる保険給付と同様の給付を受けることができるが、**傷病手当金**と**出産手当金**については支給対象から**除外**されている。ただし、**1年以上**被保険者期間があった者で、資格喪失時に傷病手当金または出産手当金の支給を受けている場合、被保険者として受けるはずであった期間は、その給付を受けることができる。

条件	①　資格喪失日の前日までに被保険者期間が継続して2カ月以上あること ②　資格喪失日から20日以内に申請すること
保険料	全額自己負担 被扶養者についての保険料負担なし 世帯の所得に応じた軽減措置なし
期間	最長2年間
資格喪失	・会社に就職し健康保険の被保険者になったとき ・後期高齢者医療制度の被保険者などになったとき ・任意継続被保険者になってから2年を経過したとき ・保険料を納付期日までに納付しなかったとき ・本人の希望により任意継続被保険者をやめることの申出をしたとき ・死亡したとき

POINT!

- 被扶養者とは、年間収入が130万円未満（60歳以上または障害者は180万円未満）で、かつ被保険者の年収の２分の１未満であることが基準である。
- 協会けんぽの保険料率は都道府県ごとに異なる。
- 高額療養費とは、１カ月当たりの保険対象分の自己負担額が高額になったときに後から払い戻してくれるものである。70歳未満の者の入院・外来診療については、現物給付化されている。
- 傷病手当金の支給額は、「支給開始日以前の継続した12カ月間の各月の標準報酬月額を平均した額を30で除した額」の３分の２相当額である。被保険者が病気やケガのため連続して３日以上仕事を休み、給料をもらえない場合に、４日目から通算１年６カ月支給される。
- 出産育児一時金の金額は、一児ごとに50万円である。
- 出産手当金の支給額は、「支給開始日以前の継続した12カ月間の各月の標準報酬月額を平均した額を30で除した額」の３分の２相当額である。出産日以前42日から出産日後56日のうち休業した日数分支給される。
- 任意継続被保険者になれば、退職後も引き続き２年間、退職前の健康保険に加入することができる。資格喪失日の前日までに継続して２カ月以上の被保険者期間があること、資格喪失日から20日以内に申請することが条件である。

3 国民健康保険

1 保険者

国民健康保険は、日本全国で統一の保険ではない。2018年３月までは、市区町村ごとに国民健康保険が運営されていたが、2018年４月以降、市区町村に加え**都道府県**も保険者になった。また、医師や建設業者などの同業者でつくる国民健康保険組合もある。

都道府県および市区町村	都道府県（中心的役割） →財政運営責任などを負う、市町村ごとの標準保険料率を示す 市区町村 →標準保険料率を参考に保険料を決定、被保険者資格の管理※、保険料の徴収、保険給付などの窓口業務を運営
国民健康保険組合	同業者でつくる国民健康保険組合が運営

※　同一都道府県内での住所異動については資格得喪は生じないが、被保険者証は異動先の市区町村で再発行を受ける必要がある。

2 被保険者

健康保険等の職域保険に加入していない自営業者などが被保険者になる。国民健康保険には被扶養者という考え方はなく、加入している者すべてが被保険者である。

なお、国民健康保険の被保険者資格を取得した場合、14日以内に住所地の市区町村に届出書を提出しなければならない。

3 保険料

（1）賦課方法

国民健康保険料（または国民健康保険税）について、都道府県は市区町村ごとの標準保険料率を設定するが、保険料率を決定するのは市区町村である。したがって、**保険料（税）は市区町村によって異なる**。また、保険料（税）は世帯単位で計算され、世帯主が支払う。世帯主が被保険者でない場合であっても、世帯主は保険料を支払う必要がある。**所得割・資産割・均等割・平等割**という４つの賦課方法があり、その組合せは、市区町村の判断により、２方式（所得割、均等割）、３方式（所得割、均等割、平等割）４方式（所得割、資産割、均等割、平等割）のいずれかとなっている。

応能割	所得割	前年の所得を基準に計算するもの
	資産割	前年の固定資産税を基準に計算するもの
応益割	均等割	被保険者の人数を基準に計算するもの
	平等割	世帯数を基準に計算するもの

一定の所得基準を下回る世帯については、応益割（均等割・平等割）の７割、５割、２割を減額する制度がある。また、未就学児のいる世帯では、当該未就学児に係る均等割について５割が軽減される。

(2) 保険料の構成

保険料の構成は、国民健康保険事業に充てる基礎賦課額（医療分）、後期高齢者医療保険制度の支援に充てる後期高齢者支援金等賦課額（支援金分）および介護保険事業に充てる介護納付金賦課額（介護分）の３項目となっている。2024年度の賦課限度額は、次のとおりである。

	0歳～39歳	40歳～64歳	65歳～74歳
医療分 支援金分 介護分	65万円 24万円 —	65万円 24万円 17万円	65万円 24万円 —
限度額	89万円	106万円	89万円

(3) 産前産後期間中の保険料免除

2024年１月以降、産前産後期間（出産予定日または出産日が属する月の前月から４カ月間（多胎妊娠の場合は出産予定日または出産日が属する月の３カ月前から６カ月間））の保険料（所得割および均等割）が免除される。対象となるのは2023年11月以降に妊娠85日以上で出産した場合であり、死産、流産、人工妊娠中絶も含む。免除額は、出産する被保険者に係る所得割および均等割である。免除を受けるための届出は、出産予定日の６カ月前から可能である。

4 主な給付

国民健康保険は、業務上外を問わず病気やケガなどを保障する。ここが健康保険との大きな違いである。療養の給付の自己負担割合、高額療養費などの給付は健康保険と同様であるが、傷病手当金、出産手当金を実施している市区町村はない。ただし、①健康保険の任意継続被保険者の期間を除き、退職日までに継続して１年以上の健康保険の被保険者期間があること、②健康保険の被保険者資格を喪失したときに傷病手当金・出産手当金を受けているか、または受ける条件を満たしていること、の要件を満たした場合、傷病手当金・出産手当金の支給を受けることができる。

POINT!

- 国民健康保険は自営業者などが対象で、業務上外を問わず保障する。
- 国民健康保険の保険料は、市区町村によって異なる。

4 後期高齢者医療制度

1 保険者

保険者は、後期高齢者医療広域連合である。これには、都道府県の区域内のすべての市区町村が加入している。

2 被保険者

75歳（後期高齢者医療広域連合から所定の障害の状態にある旨の認定を受けた場合は65歳以上75歳未満）になると、それまで加入していた国民健康保険や健康保険から脱退し、すべての人が、後期高齢者医療制度の被保険者になる。後期高齢者医療制度には被扶養者という概念はないため、健康保険等の被保険者が後期高齢者医療制度に加入した場合、その者に扶養されていた75歳未満の者は、新たに国民健康保険等に加入することになる。なお、生活保護受給者は被保険者とされない。

3 保険料

保険料は、所得に応じて決まる**所得割額**と、加入者が等しく頭割りで負担する**均等割額**とで構成されており、それぞれ都道府県によって異なる。保険料の年間の賦課限度額は73万円（2024年度）である。徴収方法には、公的年金から天引きする**特別徴収**と、納付書や口座振替によって納付する**普通徴収**がある。

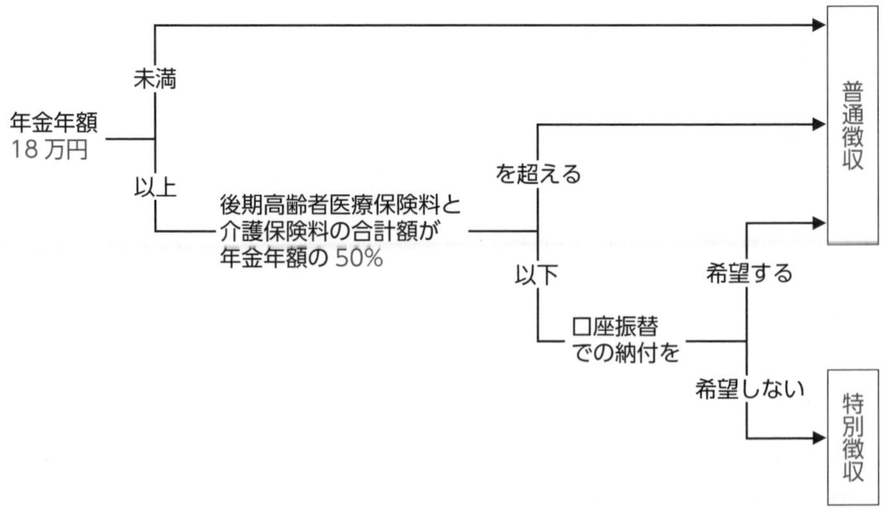

また、保険料には被保険者の世帯の所得に応じた軽減措置や、被用者保険の被扶養

者であった人に対する軽減措置がある。

	低所得者	元被扶養者
均等割額	所得に応じて7割、5割、2割の軽減措置あり	制度加入後、2年を経過する月までは5割軽減
所得割額	軽減措置なし (注) 老齢給付以外に収入がなく、その収入額が153万円以下である被保険者の場合、所得割額は賦課されない。	負担なし

4 自己負担割合

現役並み所得者は3割であるが、その他の者は1割または2割である。現役並み所得者に該当するかどうかは、同一世帯に属する者の所得と収入により判定する。課税所得が145万円以上かつ収入が（ア）高齢者複数世帯520万円以上（高齢者単身世帯の場合は383万円以上)、または（イ）同一世帯に他の後期高齢者医療制度の被保険者がいない者であって、その者および同一世帯の70歳以上の者の収入の合計が520万円以上の場合は、3割負担となる。

上記の要件に該当しない場合、下表のように自己負担割合が区分されている。

所得区分			自己負担割合
世帯内の75歳以上の課税所得(最大の者で判定)	世帯の年金収入とその他の合計所得金額の合計額		
	単身世帯	2人以上世帯	
28万円以上	200万円以上	320万円以上	2割
	200万円未満	320万円未満	1割
28万円未満	—	—	

※　2022年10月1日から2025年9月30日までは、長期外来受診について、急激な負担増を抑制するため、世帯の所得の状況等に応じ、自己負担割合が2割となる者の負担増加額を最大月3,000円までとする。

なお、自己負担割合は、被保険者本人の住民税課税所得（課税標準額）や被保険者の属する世帯の収入状況で判定され、**毎年8月1日に見直される**。

5 会社員の医療保障

在職中の会社員は健康保険に加入しているが、退職後は健康保険の任意継続被保険者になったり、国民健康保険に加入したりするなど、各人の事情により異なる。75歳になるとすべての人が、国民健康保険や健康保険などを脱退し、後期高齢者医療制度に加入することになる。

在職中	退職後～74歳	75歳以上
健康保険制度 （協会けんぽ または 組合健保）	① 任意継続被保険者（最長２年間） ② 国民健康保険 ③ 家族の被扶養者になる ④ 再就職して健康保険制度に加入	後期高齢者 医療制度

POINT!

・75歳になると、すべての人が後期高齢者医療制度の被保険者になる。
・後期高齢者医療制度の自己負担割合は原則１割である。

5 公的介護保険

1 被保険者

原則として、40歳以上の者は強制加入となる。被保険者は、**65歳以上である第1号被保険者と、40歳以上65歳未満の医療保険加入者である第2号被保険者**の2つに区分される。第1号被保険者は、原因を問わず要介護被保険者または居宅要支援被保険者に認定されると、保険給付の受給権が発生する。一方、**第2号被保険者は、特定疾病による要介護または要支援の状態に限って**受給権が発生する。なお、受給手続きに必要な「介護保険被保険者証」は、第1号被保険者には全員に交付され、第2号被保険者には保険給付の受給権が発生したときに交付される。

2 住所地特例

介護保険は、原則として住民票のある市区町村が保険者である。この制度を推し進めると、介護保険施設などの所在する市区町村の給付費の負担が過度に重くなり、施設などの整備が円滑に進まないおそれがある。そこで、特例として、施設に入所する場合には、住民票を移しても移す前の市区町村が引き続き保険者となる仕組みを設けている。これを「住所地特例」という。住所地特例対象施設の主なものは次のとおりである。

・特別養護老人ホーム、介護老人保健施設、介護医療院
・有料老人ホーム、軽費老人ホーム、養護老人ホーム　など

3 保険料

保険料は、市区町村や加入している医療保険によって異なる。また、納め方も第1号被保険者と第2号被保険者とでは異なる。**第1号被保険者で年金額が18万円以上の者は、原則として年金から天引きされる**（特別徴収）。一方、年金額が18万円未満の者、医療保険料とあわせた保険料額が年金額の2分の1を超える者、年金を受給していない者については、市区町村が直接保険料を徴収する（普通徴収）。第2号被保険者は、各医療保険者がそれぞれの医療保険料に上乗せして徴収する。なお、全国健康保険協会管掌健康保険の被扶養者が公的介護保険の第2号被保険者であっても、健康保険と同じように直接の保険料負担はない。

4 保険給付の手続き

公的介護保険を利用して介護サービスを受けるには、保険者である**市区町村**に申請して、要介護認定を受ける必要がある。要支援は軽いほうから1・2の2段階、要介護は軽いほうから1～5までの5段階で、全部で7段階になっている。

認定の申請に対する処分は、原則として、申請のあった日から**30日以内**に行われ、その**申請日**にさかのぼって効力を生ずる。その処分に不服がある場合、原則として、処分があったことを知った日の翌日から**３カ月以内**に、被保険者は**介護保険審査会**に**審査請求**をすることができる。

認定には有効期間が設けられており、初めて要介護認定を受けた場合の有効期間は**６カ月**（市区町村が必要と認める場合は３～12カ月）である。被保険者が認定の有効期間満了後においても継続して保険給付を受けるためには、原則として有効期間の満了となる日の**60日前**から満了日までの間に、認定の更新の申請を行う必要がある。なお、要介護状態区分の変更の認定申請は、認定の有効期間内であれば可能である。

状態区分	認定基準
要支援１・２	要介護状態ではないが、社会生活の上で一部介助が必要な場合や、失われた能力を取り戻すような支援が必要な場合等
要介護１	立ち上がり、歩行等に不安定さがみられ、排泄や入浴等に部分的介助を必要とする場合等
要介護２	立ち上がり、歩行等が自力ではできないことが多く、排泄や入浴などに部分的または全介助を必要とする場合等
要介護３	立ち上がり、歩行等が自力ではできず、排泄・入浴等に全面的な介助を必要とする場合等
要介護４	日常生活を行う能力がかなり低下しており、全面的な介護が必要な場合が多い。尿意・便意がみられない場合もある等
要介護５	日常生活を行う能力が著しく低下しており、全面的な介護が必要である。意思の伝達がほとんどまたはまったくできない場合が多い等

5 給付の種類

保険給付の種類には、虚弱な者等の居宅要支援被保険者に対する「予防給付」、寝たきり等の要介護被保険者に対する「介護給付」、居宅要支援被保険者、要介護被保険者に対する市町村独自の「市町村特別給付」がある。

予防給付	居宅要支援被保険者は、要介護被保険者とならないよう予防を重視した「在宅サービス」を利用することができる。通所施設における訓練等は利用できるが、施設に入所するサービスは受けられない。
介護給付	要介護被保険者は、「在宅サービス」だけでなく、施設に入所してサービスを受ける「施設サービス」を利用することができる。 ・施設サービス ① 介護老人福祉施設（特別養護老人ホーム）…日常生活上、常に介護が必要である者に適した施設。原則として、要介護状態区分が３以上の者が利用できる。 ② 介護老人保健施設…在宅復帰を目指す者がリハビリテーションなどを集中的に受ける施設。 ③ 介護医療院…長期療養のための医療と日常生活上の世話（介護）を一体的に提供する施設。 （注）介護療養型医療施設…長期療養が必要な者が医療サービスを受けられる施設。設置期限は2024年３月。

6 利用限度額

居宅サービスについては、要介護度の段階ごとに、サービスの種類等に応じた保険給付の支給限度額が設定されている。その限度額の範囲内で複数のサービスを組み合わせて利用することができる。また、支給限度額を超える追加的なサービスについては、全額自己負担になることを前提に、保険給付部分と組み合わせて利用することが可能である（上乗せサービス）。さらに、保険給付の対象でない配食サービスや外出介助などのサービスの種類を増やし（横出しサービス）、保険給付のサービスと組み合わせて利用することもできる。

7 自己負担

保険給付の対象費用の**原則１割**が自己負担となる。ただし、一定以上の所得を有する**第１号被保険者については２割または３割負担**である。

■自己負担割合（第１号被保険者）

所得区分			自己負担割合
本人の合計所得金額	世帯の年金収入とその他の合計所得金額の合計額		
	単身世帯	２人以上世帯	
220万円以上	340万円以上	463万円以上	３割
	280万円以上340万円未満	346万円以上463万円未満	２割
	280万円未満	346万円未満	１割
160万円以上220万円未満	280万円以上	346万円以上	２割
	280万円未満	346万円未満	１割
160万円未満	—		

8 高額介護サービス費

定められた利用限度額を超える部分は全額自己負担となるが、一定の上限額を超えた場合、所定の手続きにより、超過額が**高額介護サービス費**として支給される。この上限額は、被保険者の状況によって異なる。また、介護サービスの利用者本人の限度額（下表の［個人］）と、住民票の世帯における介護サービスの利用者全員の合計の限度額（下表の［世帯］）で異なる。

■高額介護サービス費（2021年８月以降）

<table>
<tr><th colspan="2">対象者</th><th>自己負担限度額（月額）</th></tr>
<tr><td colspan="2">老齢福祉年金受給者で、世帯全員が市町村民税非課税の人
または生活保護受給者</td><td>15,000円［個人］</td></tr>
<tr><td colspan="2">世帯全員が市町村民税非課税</td><td>24,600円［世帯］</td></tr>
<tr><td></td><td>前年の公的年金等収入金額とその他の合計
所得金額の合計が80万円以下の人</td><td>24,600円［世帯］
15,000円［個人］</td></tr>
<tr><td colspan="2">145万円以上380万円未満※1
（383万円以上770万円未満※2）</td><td>44,400円［世帯］</td></tr>
<tr><td colspan="2">380万円以上690万円未満※1
（770万円以上1,160万円未満※2）</td><td>93,000円［世帯］</td></tr>
<tr><td colspan="2">690万円以上※1
（1,160万円以上※2）</td><td>140,100円［世帯］</td></tr>
</table>

※１　被保険者の課税所得金額

※２　世帯内の第１号被保険者が本人のみの場合の収入合計額

9 高額医療合算介護サービス費

介護保険の自己負担額および公的医療保険の療養の給付に係る一部負担金等の額の合計が基準額を超える場合に、超えた額が**高額医療合算介護サービス費**として支給される。高額介護サービス費や高額療養費の支給を受けた場合は、これらを控除した額が基準額を超えているときに支給される。毎年**８月**から翌年**７月**までの１年間に支払った自己負担額が対象である。

■70歳未満の者がいる世帯

所得区分	基準額
基礎控除後の所得額　901万円超	212万円
基礎控除後の所得額　600万円超　901万円以下	141万円
基礎控除後の所得額　210万円超　600万円以下	67万円
基礎控除後の所得額　210万円以下	60万円
住民税非課税世帯	34万円

■70歳以上の者がいる世帯

所得区分	基準額
課税所得額　690万円以上	212万円
課税所得額　380万円以上　690万円未満	141万円
課税所得額　145万円以上　380万円未満	67万円
課税所得額　145万円未満	56万円
住民税非課税世帯	31万円
住民税非課税世帯（所得が一定額以下）	19万円

■公的介護保険のまとめ

	第１号被保険者	第２号被保険者
対象者	市区町村に住所を有する65歳以上の者	市区町村に住所を有する40歳以上65歳未満の医療保険加入者
保険料	市区町村が徴収	医療保険者が医療保険料として徴収
受給権者	要介護被保険者・居宅要支援被保険者	特定疾病によって要介護状態・要支援状態となった者のみ
賦課・徴収方法	①　所得段階別定額保険料 ②　年金額が年額18万円以上の公的年金受給者は年金から天引き	①　健康保険（協会けんぽ）：2024年度の保険料率1.60％（労使折半） ②　国民健康保険：所得割、均等割に按分（前年の所得を基準）
利用者負担	原則として１割（一定以上の所得を有する第１号被保険者は２割または３割） ①　食費と施設での居住費は全額利用者負担 ②　ケアプラン作成費用については利用者負担なし	

※　特定疾病に該当するがんは、医師が一般に認められている医学的知見に基づき、回復の見込みがない状態に至ったと判断したものに限られている。

POINT!

- 公的介護保険の第２号被保険者は、特定疾病によって要介護状態・要支援状態になった場合のみ、公的介護保険から給付が受けられる。
- 利用した額の原則１割（一定以上の所得を有する第１号被保険者は２割または３割）が自己負担となる。

チェックテスト

(1) 健康保険の被扶養者の年収基準は、130万円未満（55歳以上または障害者は180万円未満）である。

(2) 協会けんぽの保険料率は、都道府県ごとに異なっている。

(3) 病気やケガで診察や治療を受けたときの自己負担割合は、一律３割である。

(4) 傷病手当金は、被保険者が病気やケガで連続して３日以上休み給料をもらえない場合、休業１日目から通算１年６カ月支給される。

(5) 出産育児一時金の額は、産科医療補償制度に加入している医療機関で出産した場合には、一児ごとに50万円である。

(6) 出産手当金の額は、休業１日につき「支給開始日以前の継続した12カ月間の各月の標準報酬月額を平均した額を30で除した額」の３分の２相当額である。

(7) 任意継続被保険者になれば、退職後も引き続き２年間、退職前の健康保険に加入することができる。

(8) 70歳になると、全員が後期高齢者医療制度の被保険者になる。

(9) 後期高齢者医療制度の被保険者が年額18万円未満の公的年金を受給している場合、当該被保険者に係る保険料は普通徴収となる。

(10) 公的介護保険の被保険者は、60歳以上である第１号被保険者と40歳以上60歳未満の第２号被保険者である。

(11) 要介護認定は、申請のあった日から原則として30日以内に認定結果が通知され、通知があった日にその効力を生ずる。

解答

(1) ×　(2) ○　(3) ×　(4) ×　(5) ○
(6) ○　(7) ○　(8) ×　(9) ○　(10) ×　(11) ×

第3章

労働保険

過去の出題状況	2022.5	2022.9	2023.1	2023.5	2023.9	2024.1
労働者災害補償保険	☆	☆	☆	☆		☆
雇用保険	☆	☆	☆	☆	☆	

1. 労働者災害補償保険

労災保険の保険料、労働者、保険給付などを学ぶ。

2. 雇用保険

基本手当を代表とする雇用保険の主な給付の内容を学ぶ。

1 労働者災害補償保険

1 労働者災害補償保険の概要

労働者災害補償保険（労災保険）は、業務上の事由および通勤による労働者の病気、ケガ、障害、それに伴う介護または死亡に対して保険給付を行う。

保険者	政府
適用事業	原則１人でも労働者を使用している事業は強制加入
対象者	すべての労働者
給付事由	業務上および通勤途上による病気、ケガ、障害、死亡など
主な窓口	労働基準監督署
保険料	全額事業主負担

2 保険料

労災保険料は、**事業主が全額負担**するため、労働者の負担はない。保険料率は、事業の種類によって災害の発生率が異なるため、災害発生率に応じて事業の種類ごとに保険料率を定めている。

3 適用事業

労災保険では、原則として、１人でも労働者を使用するすべての事業は、**強制加入**となる。事業開始の日に自動的に労災保険に係る労働保険の保険関係が成立し、加入脱退の自由は認められない。また、この保険関係成立後に、労働者が業務災害または通勤災害を被った場合、仮にその事業主が労災保険の手続きを行っていなくても、その労働者は労災保険の給付を受けることができる。

・派遣労働者…**派遣元事業主の事業が適用事業**

・数次の請負による建設業…**元請け事業者の事業が適用事業**

4 労働者

雇用形態を問わないため、正社員、日雇労働者、１カ月未満の期間を定めて使用される労働者、アルバイト、パートタイマー、テレワークを行う労働者、外国人労働者などすべての労働者が対象になる。なお、労災保険は、公務員には適用されない。

5 業務災害

業務災害は、**業務遂行性**と**業務起因性**の両方の要件を満たしたときに認められる。

業務遂行性とは、労働者が労働契約に基づき、事業主の支配下にあることをいう。**出張**については、労働者の積極的な私的行為や恣意的行動などの事情がない限り、業務遂行性が認められるため、業務災害に該当する。

業務起因性とは、労働者が従事している業務やその業務に付随する行為が原因で事故が発生し、その事故によって傷病にかかったことをいう。

具体例
・労働者がトイレに行こうとして席を立ち作業場を離れたところ、廊下に積んであった箱が崩れてきて頭を負傷した ・昼食時、労働者が自社の別フロアーにある社員食堂に移動する際に利用したエレベーターが誤作動し、扉に挟まれて腕を骨折した ・出張のため、前日の夜から取引先の近くにあるホテルに宿泊した労働者が、翌朝、ホテルから取引先へ向かう途中、歩道橋の階段で転倒して足を骨折した

第3章

労働保険

6 通勤災害

通勤災害として認められるためには、通勤とケガ、病気との間に因果関係があることが必要である。ここでいう通勤とは、**合理的な経路および方法**でなければならない。なお、単身赴任者が、おおむね毎月1回以上、家族の住む自宅に帰省している場合、その自宅も通勤における「住居」と認められるため、自宅から単身赴任先の就業場所に通勤する途中における災害は、通勤災害に該当する。

逸脱・中断の間およびその後は通勤とは認められない。ただし、通勤途中に逸脱・中断があっても、それが日用品の購入その他これに準ずる日常生活上必要な行為をやむを得ない理由で行う最小限度のものの場合は、逸脱、中断の間を除き、通勤と認められる。

	具体例
日常生活上必要な行為 （注）合理的な経路に復した後、通勤となる	・日用品の購入 ・選挙による投票 ・理髪店または美容院への立寄り ・病院における診察 ・要介護状態にある配偶者、子、父母、配偶者の父母、孫、祖父母および兄弟姉妹の介護（同居・扶養の要件なし、介護は継続的または反復して行われるものに限る）
ささいな行為 （注）逸脱・中断にならない	・通勤経路付近の公衆トイレを利用 ・通勤経路上の店でタバコやジュースを購入

7 給付内容

給付の種類にはさまざまなものがある。また、所定の保険給付を補足するものとして特別支給金がある。

通勤災害および複数業務要因災害は、使用者に補償責任がないため、「補償」という文字を付けない。例えば、業務災害は「療養補償給付」、複数業務要因災害は「複数事業労働者療養給付」、通勤災害は「療養給付」となるため、本書ではこれらを合わせて「療養（補償）等給付」と表記している。

(1) 療養（補償）等給付

病気やケガをしたときに、所定の病院等で必要な治療を治るまで**無料**で受けられる（現物給付）。また、やむを得ず所定の病院等以外で治療を受けて立替払いをしたときに、療養の費用が支給される（現金給付）。なお、療養（補償）等給付には特別支給金がない。

所定の病院等とは、次のものである。

- 社会復帰促進等事業として設置された病院・診療所
- **都道府県労働局長**が指定した病院・診療所・薬局・訪問看護事業者

(2) 休業（補償）等給付

① **保険給付**

療養のため4日以上会社を休み給料が支給されないとき、休業の**第4日目**から1日につき給付基礎日額の**60%**が支給される。休業補償給付が支給されない待期3日間は、**労働基準法**に基づき、事業主が平均賃金の60%の休業補償を行う。**支給日数に上限はない**。なお、療養（補償）等給付との併給は認められる。

② **休業特別支給金**

休業の第4日目から1日につき給付基礎日額の**20%**が支給される。**支給日数に上限はない**。

(3) 傷病（補償）等年金

① **保険給付**

病気やケガが**1年6カ月**を経過した日において治らず、一定の条件に該当するときに休業（補償）等給付に**代えて**、傷病等級に応じ給付基礎日額の313日分（1級）、277日分（2級）または245日分（3級）の年金が支給される。なお、療養（補償）等給付との併給は認められる。

② **傷病特別支給金**

申請に基づき、傷病等級に応じて114万円（1級）、107万円（2級）または100万円（3級）の一時金が支給される。

③ **傷病特別年金**

申請に基づき、傷病等級に応じて算定基礎日額の313日分（1級）、277日分（2級）または245日分（3級）の年金が支給される。

(4) 障害（補償）等給付

① **保険給付**

病気やケガが治った後に障害が残ったときに、障害等級に応じて、終身または障害がなくなるまで**313日分（1級）**～131日分（**7級**）の**年金**または503日分（**8級**）～56日分（**14級**）の**一時金**が支給される。なお、障害（補償）等**年金**の支給を受けている労働者の障害等級に**変更**（新たな傷病・傷病の再発によらないもの）があった場合、変更後の障害等級に係る年金または一時金が支給される。

② **障害特別支給金**

申請に基づき、障害等級に応じて342万円（１級）～８万円（14級）の一時金が支給される。

③ **障害特別年金・一時金**

申請に基づき、障害等級に応じて算定基礎日額の313日分（１級）～131日分（７級）の年金または算定基礎日額の503日分（８級）～56日分（14級）の一時金が支給される。

(5) 介護（補償）等給付

要介護状態になったとき、常時介護・随時介護の区分に応じて、月単位の実費相当額（限度額あり）が支給される。なお、介護（補償）等給付には特別支給金がない。

(6) 遺族（補償）等給付

① **保険給付（年金）**

死亡当時、生計を維持していた配偶者、子、父母、孫、祖父母および兄弟姉妹に遺族（補償）等年金が支給される。遺族補償年金の支給を受けることができる遺族の順位および要件は、次のとおりである。

順位	遺族	労働者死亡時における遺族の要件
1	妻	特になし
	夫	60歳以上または一定の障害状態
2	子	18歳到達年度末日までの者または一定の障害状態
3	父母	60歳以上または一定の障害状態
4	孫	18歳到達年度末日までの者または一定の障害状態
5	祖父母	60歳以上または一定の障害状態
6	兄弟姉妹	18歳到達年度末日までの者、60歳以上または一定の障害状態
7	夫	障害状態でない55歳以上60歳未満の者 ただし、60歳に達するまでは支給停止
8	父母	
9	祖父母	
10	兄弟姉妹	

年金額は、遺族の人数に応じて給付基礎日額の153日分（１人）～245日分（４人以上）である。また、すべての受給資格者が資格を喪失するまで支給される転給制度がある。

年金を受給できる遺族は、１回に限り、年金の前払いを請求することができる。これを遺族（補償）等年金前払一時金といい、給付基礎日額の200日分、400日分、600日分、800日分または1,000日分のうち希望する額を請求することができる。なお、遺族（補償）等年金前払一時金が支給された場合、遺族（補償）等年金は、支給額に達するまで支給停止となる。

② **保険給付（一時金）**

年金の受給要件を満たしていない遺族には、給付基礎日額の1,000日分の遺族（補償）等一時金が支給される。また、年金を受けている遺族が失権し、かつ、他に年金を受給できる遺族がいない場合であって、既に支給された年金の合計額が給付基礎日額の1,000日分に満たないときは、給付基礎日額の1,000日分と既に支給された年金の合計額との差額の遺族（補償）等一時金が支給される。なお、一時金には転給制度がない。

③　**遺族特別支給金**

申請に基づき、死亡当時、年金を受ける最先順位の遺族に**300万円**の一時金が支給される。この金額は、**遺族の人数にかかわらず一律**である。

④　**遺族特別年金・一時金**

申請に基づき、年金を受ける遺族に、遺族の人数に応じて算定基礎日額の153日分（１人）～245日分（４人以上）の年金が支給される。また、申請に基づき、一時金を受ける遺族に、原則として算定基礎日額の1,000日分の一時金が支給される。

（7）葬祭料・葬祭給付

死亡した人の葬祭を行った者（遺族や会社など）に支給される。なお、葬祭料・葬祭給付には特別支給金がない。

8 給付基礎日額

労災保険の給付は、何日分の年金や何日分の一時金というように日を単位として行われる。給付基礎日額とは、保険給付の額を算定するときの基礎になるものである。

$$\text{給付基礎日額} = \frac{\text{算定すべき事由が発生した日前３カ月間の賃金総額}}{\text{算定すべき事由が発生した日前３カ月間の総日数}}$$

なお、特別支給金等の算定基礎日額は、原則として、負傷・発症の日以前１年間において３カ月を超える期間ごとに支払われたボーナス等の特別給与の総額等を基にして算出した算定基礎年額を365で除して得た額である。

9 複数事業労働者

2020年９月以降、複数の職を持つ労働者を保護するために、**複数事業労働者**に対する保険給付が創設された。

（1）複数事業労働者

複数事業労働者とは、事業主が同一人でない２以上の事業に使用される労働者のことをいう。１つの会社と労働契約関係にあり、他の就業について**特別加入**している者、複数の就業について**特別加入**をしている者も複数事業労働者となる。また、被災した時点で複数の会社について労働契約関係にない場合でも、その原因や要因となる事由が**発生した時点**で複数の会社と労働契約関係であったときは、複数事業労働者となる。

(2) 保険給付

複数事業の業務を要因とする傷病等（負傷、疾病、障害または死亡）が労災保険給付の対象となる。この支給事由となる災害を**複数業務要因災害**といい、具体的には脳・心臓疾患や精神障害等が挙げられる。１つの事業場のみの業務上の負荷（労働時間やストレス等）を評価して業務災害に該当しない場合、複数事業場等の業務上の負荷を**総合的**に評価して労災認定を判断する。複数業務要因災害に関する保険給付は、**7**と同様である。

(3) 給付基礎日額

保険給付を行う際の給付基礎日額は、当該複数事業労働者を使用する**事業ごと**に算定した給付基礎日額に相当する額を**合算**した額を基礎とする。

第3章 労働保険

10 特別加入制度

労災保険は、日本国内の労働者を労働災害による被害から保護することを目的とした保険である。しかし、労災保険の対象とならない者でも、業務内容や災害発生状況からみて、この保険の対象としてもおかしくない場合がある。このため、特別に**任意加入**を認める特別加入制度が設けられている。

申請手続は、**労働基準監督署長**を経由して**都道府県労働局長**に申請書を提出して行う。

(1) 中小事業主等（第１種特別加入者）

労働保険事務組合に事務を委託している、常時300人以下（「金融業、保険業、不動産業、小売業では50人以下」、「サービス業、卸売業では100人以下」）の労働者を使用する事業の事業主は、特別加入制度を利用して労災保険に加入することができる。また、事業に従事する家族従事者や役員がいるときは、それらの者をすべて加入させなければならない。

(2) 一人親方等（第２種特別加入者）

労働者を使用しないで行うことを常態とする者とその事業に従事する家族や特定の作業に従事する者は、特別加入が認められる。なお、一部の者については、**通勤災害の適用がない**。

類型	具体例
一人親方	個人タクシー業者、フードデリバリー等の自転車配達員、大工、左官、とび職人、柔道整復師、あん摩マッサージ指圧師、はり師、きゅう師、歯科技工士
特定作業従事者	芸能関係作業従事者、アニメーション作成作業従事者、ＩＴフリーランス

(3) 海外派遣者（第３種特別加入者）

海外支店に転勤した場合などには、本来、労災保険は適用されない。しかし、要件を満たせば、特別加入ができる。

POINT!

- 労災保険は、労働者の業務上および通勤途上の病気やケガについて給付を行う。保険料は、全額事業主負担である。
- 原則として、１人でも労働者を使用するすべての事業は、強制加入となる。雇用形態を問わず、すべての労働者が対象になる。
- 業務災害は、業務遂行性と業務起因性の両方の要件を満たしたときに認められる。通勤災害として認められるには、通勤とケガ、病気との間に因果関係があることが必要である。
- 労災保険には、所定の保険給付と特別支給金がある。
- 給付基礎日額は、直近３カ月の賃金総額を総日数で除して計算する。
- 労災保険に特別加入できる者は、中小事業主等・一人親方等・海外派遣者である。

2 雇用保険

1 被保険者

労働者を１人でも使用する事業所であれば、原則として業種に関係なく強制適用となる。雇用保険では、１週間の所定労働時間が20時間以上で、31日以上引き続き雇用が見込まれる者は被保険者となる。

2022年１月から、次の要件を満たす者自身が申出をすることにより、特例高年齢被保険者（マルチ高年齢被保険者）になることができることとされた。

① 複数の事業主に雇用される**65歳以上**の労働者であること。

② ２つの事業所の１週間の所定労働時間がそれぞれ**５時間以上20時間未満**であり、その労働時間を**合計**すると１週間の所定労働時間が**20時間以上**となること。

③ ２つの事業所のそれぞれの雇用見込みが31日以上であること。

雇用保険に加入できるのは２つの事業所までであり、２つの事業所は異なる事業主でなければならない。なお、２つの事業所に雇用される特例高年齢被保険者が、そのうちの１つの事業所を**離職**した場合、被保険者資格を**喪失**する。

2 保険料

雇用保険の保険料率は、一般の事業、農林水産・清酒製造の事業および建設の事業の３種類に分けて適用される。また、雇用保険二事業（雇用安定事業および能力開発事業）の保険料は事業主のみが負担するが、失業等給付・育児休業給付の保険料は労使折半にて負担する。

一般の事業の保険料（2024年度）は、次のとおりである。

保険料＝賃金総額×1.55％※
（※　自己負担0.6％、事業主負担0.95％）

3 失業等給付の主なもの

雇用保険の給付の中心は、失業した場合の**求職者給付**である。その他、早期に就職した場合の**就職促進給付**や、失業を防ぐ**教育訓練給付**、雇用を継続するための**雇用継続給付**がある。

求職者給付	基本手当、高年齢求職者給付金など	
就職促進給付	就業促進手当（就業手当・再就職手当・就業促進定着手当・常用就職支度手当）など	
教育訓練給付	教育訓練給付金など	
雇用継続給付	高年齢雇用継続給付	高年齢雇用継続基本給付金・高年齢再就職給付金
	介護休業給付	介護休業給付金

4 基本手当

基本手当は、被保険者が離職し、失業した場合に、求職活動中の生活費を補填する目的で支給される。

(1) 支給要件

失業とは、働く意思と能力があるにもかかわらず、職業につくことができない状態のことをいう。原則として、離職の日以前**2年間**に、被保険者期間が**通算**して**12カ月以上**あることが要件となる。なお、特定受給資格者（倒産や解雇など会社都合による離職の場合）や特定理由離職者（いわゆる雇止め等）については、離職の日以前**1年間**に、被保険者期間が**通算**して**6カ月以上**あることが要件となる。

被保険者期間は、離職日から1カ月ごとに区切った期間のうち、賃金支払いの基礎となった日数が**11日以上**ある月、または賃金支払いの基礎となった労働時間数が**80時間以上**ある月を1カ月として計算した期間である。この取扱いは、高年齢求職者給付金、介護休業給付金、育児休業給付金でも同様である。

(2) 失業の認定

基本手当の支給を受けるためには、公共職業安定所に出頭し、求職の申込みおよび離職票の提出をしなければならない。基本手当は**失業の認定**を受けた日に支給されるが、この失業の認定は、**求職の申込み**を受けた**公共職業安定所**（ハローワーク）において、原則として、受給資格者が離職後最初に出頭した日から**4週間**に**1回**ずつ行われる。なお、失業の認定日には、公共職業安定所に出頭し、受給資格者証と失業認定申告書を提出した上で、職業の紹介を求めなければならない。

(3) 給付制限

基本手当には、次の給付制限がある。

① **待期期間**が**7日**あること（受給資格決定日から失業している日が7日間必要）。

② 自己都合退職の場合や本人の重大な責めに帰すべき理由による解雇などの場合には、原則として、通常の待期期間（7日間）に加え、**1カ月以上3カ月以内**の給付制限期間が設けられる。ただし、正当な理由なく自己都合退職した場合であっても、**5年間**のうち**2回**までは給付制限期間は**2カ月**となる。

なお、会社都合退職や、いわゆる雇止めによる離職の場合は、待期期間7日間を経過すると支給される。

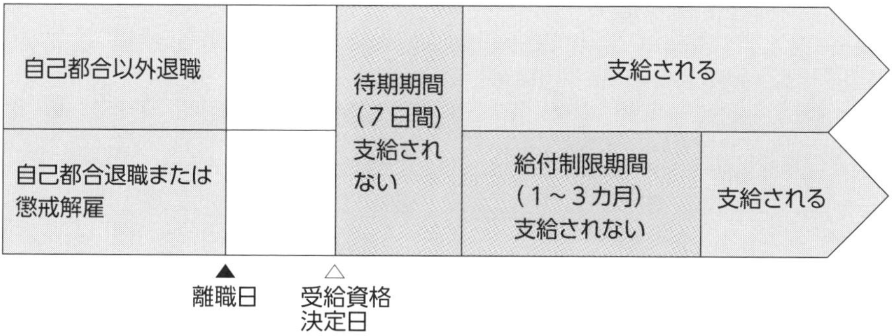

自己都合以外退職		待期期間 （７日間） 支給され ない	支給される	
自己都合退職または 懲戒解雇			給付制限期間 （１～３カ月） 支給されない	支給される

▲離職日　△受給資格決定日

（4）受給期間

基本手当の受給期間は、原則として**離職の日の翌日から１年間**となる。この受給期間が経過した後は、たとえ所定給付日数が残っていても支給を受けることはできない。ただし、次の特例がある。

- **60歳以上**の定年等により離職した場合、離職の日の翌日から２カ月以内に申し出ることにより、**最大１年間延長**
- 病気やケガ・妊娠・出産・育児等で引き続き30日以上就業できない場合、最大３年間延長
- 起業等して廃業に至るまでの期間（**最大３年間**）を受給期間に算入しない

なお、受給期間内に就職したが再離職し、**受給資格を得られない場合、所定給付日数が残っており、かつ受給期間を経過していないときは、残りの所定給付日数分を受給期間内に受給することができる。**

（5）基本手当日額

基本手当日額とは、雇用保険で受給できる１日当たりの金額のことである。賃金日額に給付率を乗じて計算する。賃金日額とは、被保険者期間として計算された**最後の６カ月間に支払われた賃金総額を180で除した金額**（ボーナス等は含まない）のことをいう。賃金日額には、下限額および受給資格者の年齢区分に応じた上限額がある。

基本手当の総額 ＝ 基本手当日額 × 所定給付日数
↓
基本手当日額 ＝ 賃金日額 × 給付率（50～80%）
（注）60歳以上65歳未満は45～80%
↓
賃金日額 ＝ 最後の６カ月間の賃金総額 ÷ 180

（6）所定給付日数

基本手当の支給を受けられる日数を、所定給付日数という。この所定給付日数は、離職理由や被保険者であった期間（算定基礎期間）、年齢によって異なる。なお、従来から恒常的に実施されている早期退職優遇制度を利用して退職した者は、自己都合による離職者となり、人員整理等に伴い事業主から退職勧奨を受けたことにより退職

した者は、特定受給資格者となる。

■自己都合・定年退職等による離職者

離職時の年齢	算定基礎期間		
全年齢共通 （65歳未満）	10年未満	10年以上20年未満	20年以上
	90日	120日	150日

■特定受給資格者（倒産・解雇等）・特定理由離職者（雇止め等による離職者）

離職時の年齢	算定基礎期間				
	1年未満	1年以上 5年未満	5年以上 10年未満	10年以上 20年未満	20年以上
30歳未満	90日	90日	120日	180日	—
30歳以上35歳未満		120日	180日	210日	240日
35歳以上45歳未満		150日		240日	270日
45歳以上60歳未満		180日	240日	270日	330日
60歳以上65歳未満		150日	180日	210日	240日

5 高年齢求職者給付金

65歳以上の高年齢被保険者が失業した場合、**高年齢求職者給付金**が支給される。離職の日以前**1年間**に、被保険者期間が通算して**6カ月以上**（65歳未満の一般被保険者であった期間を含む）あることが支給要件である。支給は、基本手当日額に下表の日数を乗じて得た額が**一時金**として行われ、**離職の日の翌日から1年間**が受給期間となっている。

なお、高年齢求職者給付金と老齢厚生年金等の公的年金は併給できる。

算定基礎期間	1年未満	1年以上
給付日数	30日分	50日分

6 就職促進給付

(1) 就業手当

基本手当の支給残日数が所定給付日数の3分の1以上**かつ**45日以上の受給資格者が、臨時的な就職や就労をした場合に支給される。支給額は、就労日ごとに基本手当日額の30％に相当する額である。

(2) 再就職手当

基本手当の支給残日数が所定給付日数の**3分の1以上**ある受給資格者が、**1年**を超えて引き続き雇用されることが確実であると認められる職業に就いた場合（離職前の事業主に再雇用された場合を除く）や、一定の条件を備えて独立開業した場合に支給される。ただし、受給資格者が就職日前３年以内の就職または事業開始について、再就職手当または常用就職支度手当の支給を受けたことがあるときは、支給されない。支給額は支給残日数により次のとおりとなる。

① 支給残日数が所定給付日数の**３分の２**以上の場合

基本手当日額 × 支給残日数 × 70%

② 支給残日数が所定給付日数の３分の１以上３分の２未満の場合

基本手当日額 × 支給残日数 × 60%

なお、再就職手当の支給を受けて就職したが再離職し、**基本手当の受給資格を得られない**場合、**所定給付日数が残って**おり、かつ**受給期間を経過していない**ときは、支給を受けた**再就職手当の額を所定給付日数に換算**し、残っていた所定給付日数からその換算日数を差し引いた日数の**基本手当**を、受給期間内に受給することができる。

支給申請は、再就職した日の翌日から**１カ月**以内に、受給資格者が管轄公共職業安定所長に対して行う。

(3) 就業促進定着手当

再就職手当の支給を受けた者が、引き続きその再就職先に**６カ月**以上雇用され、かつ再就職先で６カ月の間に支払われた賃金の１日分の額（みなし賃金日額）が雇用保険の給付を受ける離職前の賃金日額に比べて低下している場合、就業促進定着手当の給付を受けることができる。就業促進定着手当の支給額は、次のとおりである。

（離職前の賃金日額 － みなし賃金日額）×（再就職の日から６カ月間における賃金の支払いの基礎となった日数）

※上限額＝基本手当日額×支給残日数×40%（再就職手当の給付率70%の者は30%）

支給申請は、再就職した日から６カ月目に当たる日の翌日から**２カ月**以内に、受給資格者が管轄公共職業安定所長に対して行う。

(4) 常用就職支度手当

基本手当の支給残日数が所定給付日数の３分の１未満である受給資格者であって、障害者等の就職の困難な人、45歳以上の雇用対策法に基づく再就職援助計画等の対象者などが安定した職業に就いた場合に支給される。ただし、受給資格者が就職日前３年以内の就職または事業開始について、再就職手当または常用就職支度手当の支給を受けたことがあるときは、支給されない。支給額は、「基本手当日額×90日（支給残日数が90日未満の場合にはその日数、45日未満の場合には45日）×40%」となる。

7 教育訓練給付金

2024年２月以降、一般教育訓練給付金、特定一般教育訓練給付金および専門実践教育訓練給付金の**支給申請**と**受給資格確認**については、**電子申請**、郵送・代理人による申請ができるようになった。

(1) 一般教育訓練給付金

受講開始日現在で雇用保険の被保険者であった期間が**3年以上**（初回に限り1年以上）あること、受講開始日時点で被保険者でない場合は、被保険者資格を喪失した日から受講開始日までが1年以内（期間の延長が行われた場合は最大20年以内）であることなど一定の要件を満たす雇用保険の被保険者（在職者）または被保険者であった者（離職者）が、厚生労働大臣の指定する一般教育訓練を受講し修了した場合に支給される。

支給額は、教育訓練施設に支払った教育訓練経費の**20%**相当額（**上限10万円**）である。ただし、支払った教育訓練経費が4,000円を超えない場合は支給されない。

なお、2017年以降一般教育訓練給付の対象者が、訓練開始前1年以内にキャリアコンサルタントによるキャリアコンサルティングを受けた場合、その費用（上限2万円）の20%が支給される。

(2) 特定一般教育訓練給付金

2019年10月以降、受講開始日現在で雇用保険の被保険者であった期間が**3年以上**（初回に限り1年以上）あること、受講開始日時点で被保険者でない場合は、被保険者資格を喪失した日から受講開始日までが1年以内（期間の延長が行われた場合は最大20年以内）であることなど一定の要件を満たす雇用保険の被保険者（在職者）または被保険者であった者（離職者）が、厚生労働大臣の指定する特定一般教育訓練を受講し修了した場合に支給される。また、支給を受けるためには、教育訓練の**受講開始1カ月前**までに、**訓練前キャリアコンサルティング**を受け、職務経歴等記録書（ジョブ・カード）を作成した上で、公共職業安定所（ハローワーク）で受給資格確認を行わなければならない。

支給額は、教育訓練施設に支払った教育訓練経費の**40%**相当額（**年間20万円が上限**）である。

(3) 専門実践教育訓練給付金

受講開始日現在で雇用保険の被保険者であった期間が**3年以上**（初回に限り2年以上）あること、受講開始日時点で被保険者でない場合は、被保険者資格を喪失した日から受講開始日までが1年以内（期間の延長が行われた場合は最大20年以内）であることなど一定の要件を満たす雇用保険の被保険者（在職者）または被保険者であった者（離職者）が、厚生労働大臣の指定する専門実践教育訓練を受講し修了した場合に支給される。なお、2019年10月以降に専門実践教育訓練を受講する場合、専門実践教育訓練給付金の支給を受けるためには、教育訓練の**受講開始1カ月前**までに、**訓練前キャリアコンサルティング**を受け、職務経歴等記録書（ジョブ・カード）を作成した上で、公共職業安定所（ハローワーク）で受給資格確認を行わなければならない。

支給額は、教育訓練施設に支払った教育訓練経費の**50%**相当額（**年間40万円が上限**）である。さらに資格取得等の上で就職に結びついた場合には20%追加され**70%**相当額（年間56万円が上限）が支給される。例えば、訓練期間が3年の場合、支給額は最大168万円となる。

(4) 教育訓練支援給付金

初めて専門実践教育訓練を受講する場合、受講開始時に45歳未満など一定の要件を満たすと、訓練期間中、失業状態にある場合に支給される。

支給額は、当該訓練受講中の基本手当の支給が受けられない期間について、基本手当の日額と同様に計算して得た額に80%を乗じて得た額に、２カ月ごとに失業の認定を受けた日数を乗じて得た額が支給される。

8 雇用継続給付の全体像

雇用継続給付は、高年齢者や介護休業取得者が、職業生活を円滑に継続できるよう支援することを目的とした給付である。**高年齢雇用継続給付**、**介護休業給付**の２種類がある。

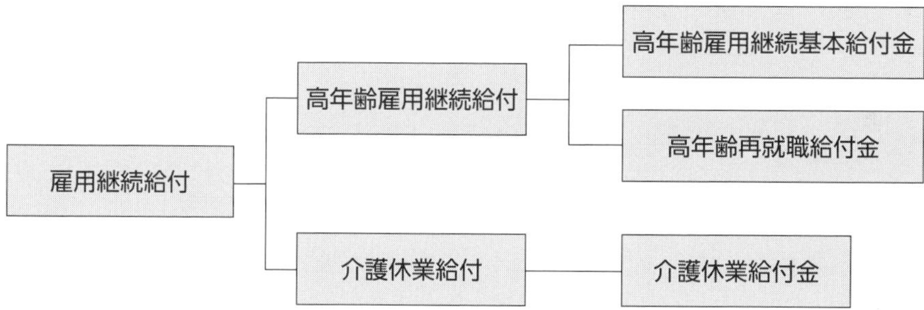

9 高年齢雇用継続給付

高年齢雇用継続給付は、**60歳以上65歳未満**で、被保険者であった期間が**５年以上**の者に対して、賃金が60歳到達時に比べて**75%未満**となる場合に、原則として、各月（支給対象月）に支払われた賃金の一定割合を給付金として支給するものである。**支給対象月に実際に支払われた**賃金月額の最高**15%**（2025年４月から10%に引下げ予定）が支給されるが、これは60歳時点より**61%未満**の賃金となった場合である。高年齢雇用継続給付には、**高年齢雇用継続基本給付金**と**高年齢再就職給付金**の２つの給付がある。

なお、高年齢雇用継続給付には、支給限度額や最低限度額が設けられており、これらの額は、原則として毎年**８月１日**に改定される。

高年齢雇用継続基本給付金	・基本手当を受給しないで雇用を継続する者に60歳から65歳になるまで支給 ・支給申請は、支給対象月の初日から４カ月以内に、事業主を経由して行う
高年齢再就職給付金	・基本手当を受給後に、就職日の前日における基本手当の支給残日数が100日以上ある者が再就職したときに支給 ・基本手当の支給残日数100日以上の者は１年間、200日以上の者は２年間支給される ・支給申請は、再就職後の支給対象月の初日から４カ月以内に、事業主を経由して行う

（注）高年齢再就職給付金と再就職手当の両方の受給要件を満たした場合、いずれかの支給となる。

10 介護休業給付金

介護休業給付は、労働者の介護休業の取得を容易にし、職業生活と家庭生活の円満な継続と促進を目的としている。

(1) 支給要件

次の要件を満たす必要がある。

① 家族を介護するための休業をした被保険者（高年齢被保険者も含む）で、初回の介護休業を開始した日前２年間に、離職したと仮定した期間（みなし被保険者期間）が通算して12カ月以上あること。

② 介護休業期間中の１カ月ごとに、休業開始前の１カ月当たりの賃金の**８割以上**が支払われていないこと。

③ 各支給単位期間（１カ月ごとの期間）に就業している日数が**10日以下**であること。

(2) 対象家族

対象家族は、被保険者の配偶者（事実上の婚姻関係と同様の者を含む）、父母（養父母を含む）、子（養子を含む）、祖父母、兄弟姉妹、孫、配偶者の父母（養父母を含む）である。これらの者との同居や扶養等は要件となっていない。

(3) 支給額

「休業開始時賃金日額」をA、「支給日数」をBとした場合、支給額は次のとおりである。

「A×B」に対する事業主の支払賃金額の割合	支給額
13%以下	A×B×67%
13%超80%未満	A×B×80%－支払賃金額
80%以上	不支給

（注１）支給対象となる同じ家族について**通算93日**を限度に**３回**を上限として分割取得できる。

（注２）Ａには上限額および下限額が設けられており、**毎年８月１日**に改定される。

（4）申請手続

原則として、介護休業終了日（介護休業期間が３カ月以上にわたるときは介護休業開始日から３カ月を経過する日）の翌日から起算して**２カ月**を経過する日の属する月の末日までに行う。

11 出生時育児休業給付金

（1）支給要件

① **出生時育児休業**（産後パパ育休）をした被保険者（高年齢被保険者も含む）で、初回の出生時育児休業を開始した日前２年間に、離職したと仮定した期間（みなし被保険者期間）が通算して12カ月以上あること。なお、出生時育児休業とは、子の出生日から**８週間**を経過する日の翌日までの期間内に、**４週間**以内の期間を定めて取得した休業（**２回**まで分割取得可能）をいう。

② 出生時育児休業期間中に支払われた賃金の額が、休業開始時賃金日額に支給日数を乗じて得た額の**８割以上**でないこと。

③ 出生時育児休業期間中の就業日数が**10日以下**または就業時間が80時間以下であること。

④ 期間を定めて雇用される者は、子の出生日から８週間を経過する日の翌日から６カ月を経過する日までに、その労働契約期間が満了することが明らかでないこと。

（2）支給額

「休業開始時賃金日額」をＡ、「支給日数」をＢとした場合、支給額は次のとおりである。ただし、Ｂの上限は**28日**（４週間）である。

「Ａ×Ｂ」に対する 事業主の支払賃金額の割合	支給額
13％以下	Ａ×Ｂ×67％
13％超80％未満	Ａ×Ｂ×80％－支払賃金額
80％以上	不支給

12 育児休業給付金

（1）支給要件

① **１歳（保育所に入れないなどの場合は最長２歳）**未満の子を養育するために育児休業をした被保険者（高年齢被保険者も含む）で、初回の育児休業を開始した日前２年間に、離職したと仮定した期間（みなし被保険者期間）が通算して12カ月以上あること。ただし、育児休業を開始した日を基準としたみなし被保険者期間を満たさない場合でも、産前休業を開始した日前２年間に、みなし被保険者期間が通算して12カ月以上であればよい。

② 育児休業期間中に支払われた賃金の額が、休業開始時賃金日額に支給日数を乗じて得た額の**８割以上**でないこと。

③ 育児休業期間中の就業日数が**10日以下**または就業時間が80時間以下であること。

④ 期間を定めて雇用される者は、子が１歳６カ月または２歳に達する日までの間に、その労働契約期間が満了することが明らかでないこと。

(2) 支給額

「休業開始時賃金日額」をＡ、「支給日数」をＢとした場合、支給額は次のとおりである。

① **休業開始から180日目まで**

「A×B」に対する事業主の支払賃金額の割合	支給額
13%以下	A×B×67%
13%超80%未満	A×B×80%－支払賃金額
80%以上	不支給

② **181日目以降**

「A×B」に対する事業主の支払賃金額の割合	支給額
30%以下	A×B×50%
30%超80%未満	A×B×80%－支払賃金額
80%以上	不支給

(注) Ａには上限額および下限額が設けられており、**毎年８月１日**に改定される。

(3) 育児休業のポイント

・出生時育児休業を取得せず、出産予定日から育児休業を取得することができる。

・育児休業は分割して**２回**まで取得することができる。

・育児休業を取得できる期間は、原則として子が**１歳**に達する日までであるが、保育所に入れないなどの事情がある場合、子が**１歳６カ月**に達する日までの延長および子が**２歳**に達する日までの再延長が認められる。

・**パパ・ママ育休プラス制度**を利用する場合、原則として、子が**１歳２カ月**に達する日まで育児休業が認められる。ママ（パパ）が先に育児休業を取得し、その後、パパ（ママ）が育児休業を取得した場合、ママ（パパ）が取得できる育児休業は、子が１歳に達する日までである。なお、この制度を利用する場合、パパとママそれぞれの育児休業期間は１年間である。

・子が１歳に達した後、保育所に入れない等の理由により、パパとママが育児休業を取得する場合、パパとママが交代して育児休業を取得できる。

・従業員数1,000人超の企業は、毎年１回、育児休業等の取得状況を公表しなければならない。

POINT!

- 基本手当は、離職の日以前の２年間に、被保険者期間が12カ月以上（特定受給資格者・特定理由離職者は離職日以前の１年間に６カ月以上）あることが要件となる。
- 自己都合退職の場合には、待期期間７日に加えて、原則として３カ月は基本手当が支給されない。基本手当の受給期間は、離職をした日の翌日から１年間である。
- 賃金日額とは、被保険者期間として計算された最後の６カ月間に支払われた賃金総額を180で除した金額のことをいう。
- 高年齢雇用継続給付は、60歳以上65歳未満で、被保険者であった期間が５年以上ある者に対して、賃金が60歳到達時の75％未満となる場合に支給される。最高で賃金月額の15％（2025年４月から10％）相当額が支給される。

チェックテスト

(1) 労災保険は、業務上および通勤途上の病気やケガに対して保険給付を行う。

(2) 労災保険の保険料は、労使折半である。

(3) 労災保険では、原則として１人以上労働者を使用するすべての事業は強制加入である。

(4) 労災保険では、正社員はもちろん、アルバイト、パートタイマー、外国人労働者などすべての労働者が対象となる。

(5) Ａさんが、通勤途中でコンビニエンスストアに立ち寄り、雑誌を購入した後で入口の自動ドアに指が挟まり骨折した場合、労災保険から給付を受けることができない。

(6) 給付基礎日額は、直近６カ月の賃金総額を実日数で除して計算する。

(7) 中小事業主が労災保険に特別加入する場合には、労働保険事務の処理を労働保険事務組合に委託しなければならない。

(8) 雇用保険の基本手当は、離職の日以前２年間に、賃金の支払いの基礎となる①日数が11日以上ある月、または②労働時間数が80時間以上ある月が12カ月以上あることが要件となる。

(9) 基本手当の受給期間は、原則として求職の申込みをした日の翌日から１年間である。

(10) 定年退職で離職した場合の基本手当の所定給付日数は、最大で330日である。

(11) Ｂさん（55歳）は、30年間勤めていた会社を倒産により解雇された。Ｂさんの場合、基本手当の所定給付日数は330日である。

(12) 高年齢雇用継続給付は、賃金が60歳到達時に比べて75％未満になる場合が対象である。

(13) 介護休業を開始した被保険者に支給される介護休業給付金の額は、介護休業期間中に事業主から賃金が支払われなかった場合、１支給単位期間について、休業開始時賃金日額に支給日数を乗じて得た額の40％相当額である。

解答

(1) ○　(2) ×　(3) ○　(4) ○　(5) ×　(6) ×
(7) ○　(8) ○　(9) ×　(10) ×　(11) ○　(12) ○　(13) ×

第4章

公的年金の概要

過去の出題状況	2022.5	2022.9	2023.1	2023.5	2023.9	2024.1
給付額の改定					☆	
国民年金の被保険者						
厚生年金保険の被保険者			☆	☆		

1. 年金制度の概要

公的年金、企業年金、個人年金の違いを知る。

2. 年金の全体像

４階建てと考えることができる日本の年金制度の構造を学ぶ。

3. 公的年金の特徴

公的年金のキーワードである、国民皆年金、社会保険方式、世代間扶養の意味を知る。

4. 給付の種類

老齢、障害、死亡という支給事由と年金の名称を知る。

5. 給付額の改定

スライド制について理解する。

6. 国民年金の被保険者

第１号被保険者、第２号被保険者、第３号被保険者を理解する。

7. 国民年金の任意加入制度

国民年金に任意加入できるケースを知る。

8. 厚生年金保険の被保険者

厚生年金保険の被保険者の種類を理解する。

1 年金制度の概要

日本の年金制度には、大きく分けて公的年金と企業年金があり、さらに自分の意思で行う個人年金がある。

1 公的年金

公的年金とは、国が強制的に行っている年金である。国民年金と厚生年金保険で構成されている。

従来は公務員および私立学校の教職員は、厚生年金保険とは異なる制度の各共済組合制度に加入していた。これを同一の報酬であれば同一の保険料を負担し、同一の給付を受けるという公平性を確保するため、2015年10月に被用者年金の一元化が行われた。共済年金と厚生年金保険の制度的な差異は、基本的に厚生年金保険に揃えて解消する。

2 企業年金

企業年金とは、会社が福利厚生として行っている年金である。公的年金で不足する部分を補い従業員の老後の生活を安定させることを目的としている。主なものに、厚生年金基金・確定給付企業年金・確定拠出年金（企業型）がある。企業は任意で導入するが、会社が企業年金を行っていれば、原則として従業員は強制加入になる。

3 個人年金

個人年金とは、自分の意思で行う年金のことである。老後資金の準備をするための選択肢のひとつとなる。生命保険会社や損害保険会社などの商品である個人年金が代表的である。

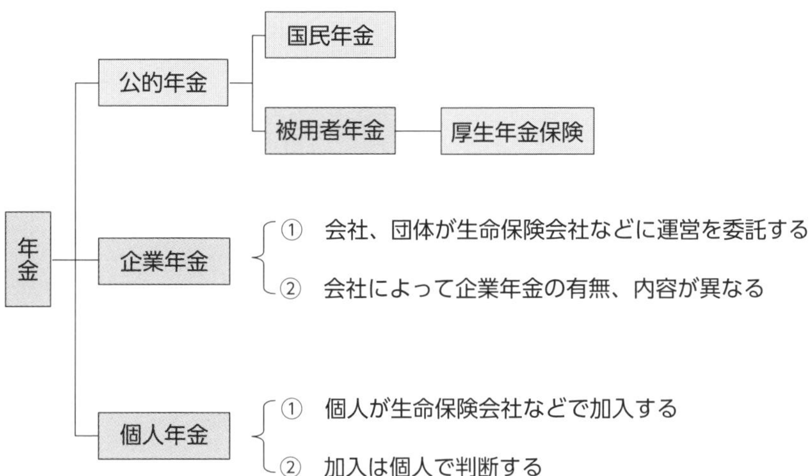

POINT!

日本の年金制度には公的年金と企業年金のほか、自分の意思で行う個人年金がある。

2 年金の全体像

現在、日本の年金制度は４階建てと考えることができる。

1 １階部分

１階は国民年金である。20歳以上60歳未満のすべての者が加入する。国民年金の部分を**基礎年金**と呼ぶ。なお、公的年金制度で共通して使用する個人ごとの番号を**基礎年金番号**という。

2 ２階部分

２階は厚生年金保険である。会社員と公務員などはここにも加入する。

3 ３階部分

３階は企業年金である。企業年金というひとつの年金制度があるわけではなく、さまざまなもののなかから企業が任意で導入する。具体的には、厚生年金基金・確定給付企業年金・確定拠出年金（企業型）などがここに位置する。

公務員の場合、民間の企業年金に相当する退職等年金給付という積立方式の給付となっている。

自営業者の２階と３階は、会社員・公務員と異なり、自分の意思で行う年金制度である国民年金基金と確定拠出年金（個人型）が用意されている。なお、確定拠出年金（個人型）には、企業年金のない会社の従業員や公務員、国民年金第３号被保険者なども自分の意思で加入することができる。

4 ４階部分

どの立場の者も加入できるものとして、４階部分には、生命保険会社や損害保険会社などが扱う個人年金がある。

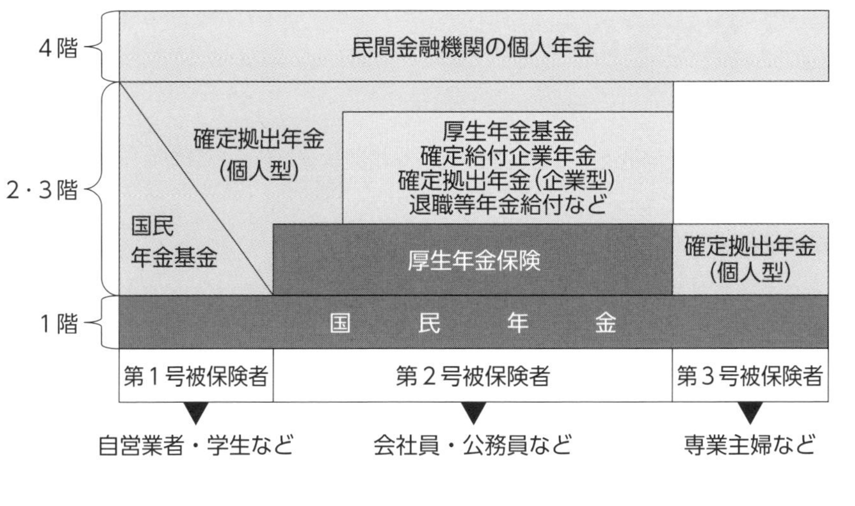

POINT!

国民年金の部分を基礎年金と呼ぶ。公的年金制度で共通して使用する個人ごとの番号を基礎年金番号という。

3 公的年金の特徴

公的年金は、国民皆年金・社会保険方式・世代間扶養という特徴をもっている。

1 国民皆年金

自営業者や無業者も含め、原則として、20歳以上60歳未満のすべての人が公的年金の対象になっている。これを**国民皆年金**という。

2 社会保険方式

公的年金は、**社会保険方式**を採用している。社会保険方式とは、財源を社会保険料でまかなっているということである。ただし、基礎年金の給付に必要な費用の一部は、国庫負担となっている。具体的には、2009年３月までは国庫負担割合は**３分の１**であったが、2009年４月以降は**２分の１**になっている。

3 世代間扶養

公的年金は、現役世代が納める保険料によって高齢者世代を支える**世代間扶養**の考え方を基本として運営されている。つまり、現役世代に納める保険料は、自分の老後の年金のための積立というわけではない。現在年金を受給している高齢者への支払いに使われているということである。

POINT!

公的年金は、国民皆年金・社会保険方式・世代間扶養という特徴をもっている。

4 給付の種類

1 支給事由

公的年金給付には、支給事由によって**老齢、障害、死亡**の３種類がある。それぞれ一定の要件を満たしたときに支給される。

年金給付の種類は、①老齢、②障害、③死亡の原因によって、一定要件を満たしたときに支給される。

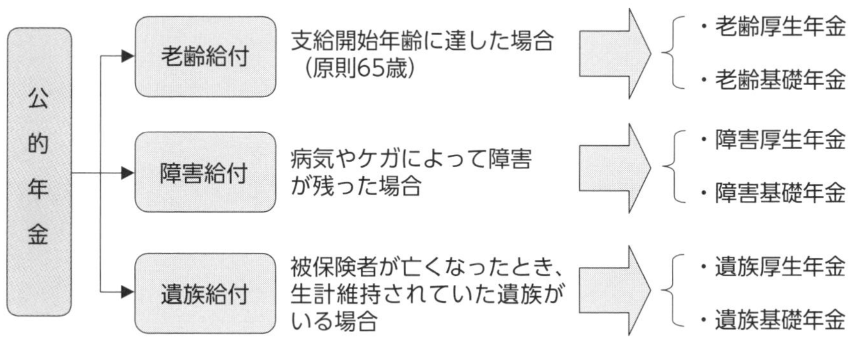

第4章 公的年金の概要

2 給付の種類

国民年金の給付には、老齢、障害、死亡を支給事由とする**老齢基礎年金、障害基礎年金、遺族基礎年金**の３種類がある。また、自営業者などの第１号被保険者の独自給付として、**付加年金、寡婦年金、死亡一時金**がある。厚生年金保険の給付には、**老齢厚生年金、障害厚生年金・障害手当金、遺族厚生年金**の３種類がある。

	国民年金	厚生年金保険
老齢給付	老齢基礎年金 付加年金	老齢厚生年金
障害給付	障害基礎年金 （1・2級）	障害厚生年金 （1～3級） 障害手当金
遺族給付	遺族基礎年金 寡婦年金 死亡一時金	遺族厚生年金

POINT!

公的年金給付には、支給事由によって老齢、障害、死亡の３種類がある。

5 給付額の改定

1 マクロ経済スライド

公的年金では、物価の変動に応じて年金額の実質価値を維持するため、消費者物価指数の変動によって年金給付額を調整する「物価スライド制」がとられていたが、2004年の年金制度改正により給付水準の調整方法として「マクロ経済スライド」が導入されることになった。「マクロ経済スライド」とは、現役世代の公的年金加入者の減少と平均余命の伸びを年金額の調整に反映させることで、年金額の伸びを抑制して改定する仕組みのことをいう。具体的には、「公的年金被保険者総数の変動（当該年度の前々年度までの**３年度平均**）と平均余命の伸びを勘案した一定率」（スライド調整率）を用いて年金額を改定している。

本来、2004年10月から実施されることになっていた「マクロ経済スライド」による調整は、物価スライドによる特例水準が解消された2015年４月以降に本格的に始動している。さらに、2016年12月に成立した、いわゆる「年金改革法」により、2018年４月以降、年金額の改定ルールが見直された。具体的には、名目下限措置を維持しつつ、賃金・物価上昇の範囲内で前年度までの未調整分を調整するというものである。

■改定ルール見直し後のマクロ経済スライドのイメージ

① 景気拡大期（賃金・物価がある程度上昇した場合）
（「賃金・物価変動率≧調整率」の場合）

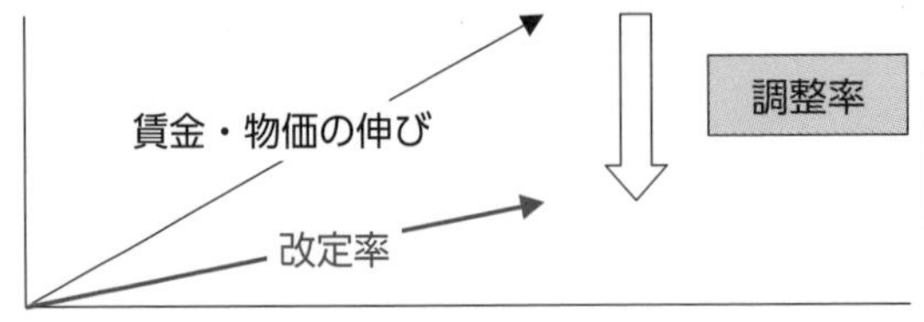
賃金・物価の伸び
改定率
調整率
賃金・物価の伸びを調整率を用いて抑制した率を「改定率」とする

② 景気後退期（賃金・物価の上昇が小さい場合）
（「賃金・物価変動率<調整率」の場合）

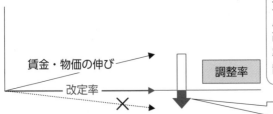

賃金・物価の伸びを調整率を用いて抑制するが、マイナス改定はしない。つまり「改定率」は増減なし（名目下限措置）

賃金・物価の伸び

改定率

調整率

未調整分をキャリーオーバー

③　景気回復期（賃金・物価がある程度上昇した場合）
（「賃金・物価変動率≧調整率」の場合）

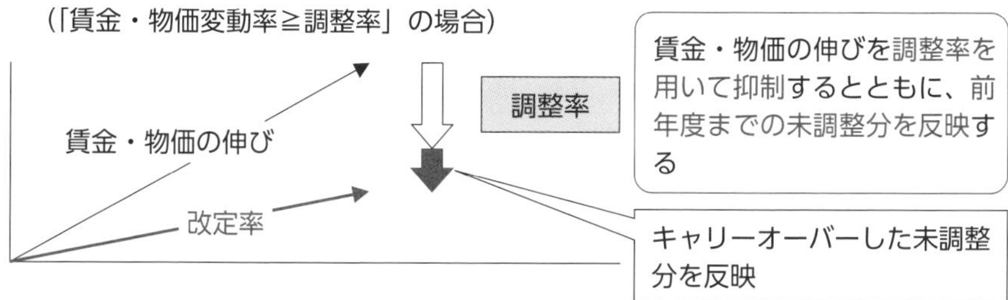
賃金・物価の伸び
改定率
調整率
賃金・物価の伸びを調整率を用いて抑制するとともに、前年度までの未調整分を反映する
キャリーオーバーした未調整分を反映

（注）2021年度より、賃金水準の変動が物価水準の変動を下回る場合には、賃金水準の変動に合わせて年金額が改定される。

2 年金額の改定

公的年金の年金額は、賃金や物価の変動に応じて毎年度改定が行われ、具体的には780,900円（2004年度価額）に改定率を乗じて算出する。毎年度の改定率は、名目手取り賃金変動率や物価変動率、マクロ経済スライド調整率を加味して決定される。原則として、改定率は次の算式で求める。

■改定率の算式（原則）

新規裁定者	前年の改定率×名目手取り賃金変動率×マクロ経済スライド調整率
既裁定者	前年の改定率×物価変動率×マクロ経済スライド調整率

※本来、65歳以上が既裁定者、65歳未満が新規裁定者であるが、「名目手取り賃金変動率」の算出で直近３年間の平均を用いる等の理由により、年金額の区分では**68歳以上**が既裁定者、**67歳以下**が新規裁定者である。

ただし、「**物価変動率＞名目手取り賃金変動率**」である場合、年金の支え手である現役世代の負担能力に応じた給付とする観点から、改定率の算出では**名目手取り賃金変動率**を用いる。

		物価変動率	
		マイナス	プラス
名目手取り賃金変動率	プラス	原則どおり	・物価変動率＜名目手取り賃金変動率 →原則どおり ・物価変動率＞名目手取り賃金変動率 →既裁定者も名目手取り賃金変動率を用いる
	マイナス	・物価変動率＜名目手取り賃金変動率 →原則どおり ・物価変動率＞名目手取り賃金変動率 →既裁定者も名目手取り賃金変動率を用いる	既裁定者も名目手取り賃金変動率を用いる

2024年度の年金額は、次のとおりである。
物価変動率：3.2%
名目手取り賃金変動率：3.1%
マクロ経済スライドによる調整率：▲0.4%

新規裁定者	3.1%(名目手取り賃金変動率)−0.4%(マクロ経済スライド)＝2.7% → 1.027 1.018（2023年度の改定率）×1.027≒1.045 780,900円（2004年度価額）×1.045＝816,040.5円 → 816,000円 （百円未満四捨五入）
既裁定者	3.1%(名目手取り賃金変動率※)−0.4%(マクロ経済スライド)＝2.7% → 1.027 1.015（2023度の改定率）×1.027≒1.042 780,900円（2004年度価額）×1.042＝813,697.8円 → 813,700円 （百円未満四捨五入）

※「物価変動率＞名目手取り賃金変動率」であるため、既裁定者も名目手取り賃金変動率を用いる。

3 2024年度年金額

老齢基礎年金（満額）		816,000円（新規裁定者） 813,700円（既裁定者）
2級障害基礎年金		
遺族基礎年金		
1級障害基礎年金		1,020,000円（新規裁定者） 1,017,125円（既裁定者）
障害・遺族基礎年金の子の加算額	①第1子・第2子	234,800円
	②第3子以降	78,300円
加給年金額	①配偶者	234,800円
	②第1子・第2子	
	③第3子以降	78,300円
中高齢寡婦加算額		612,000円
3級障害年金の最低保障額		612,000円（新規裁定者） 610,300円（既裁定者）

POINT!

公的年金にはマクロ経済スライドが導入されている。

6 国民年金の被保険者

日本国内に住んでいる**20歳以上60歳未満**の者はすべて、国民年金に加入することになっている。国民年金の加入者のことを被保険者といい、職業や立場によって、第１号被保険者・第２号被保険者・第３号被保険者の３種類に分けられる。

1 第１号被保険者

日本国内に住所を有する20歳以上60歳未満の者で、第２号・第３号被保険者以外の者は、すべて第１号被保険者になる。自営業者・自由業・フリーター・大学生・無職の人・農業従事者・国会議員などが当てはまり、外国人でもよい。第１号被保険者に扶養されている配偶者は、第１号被保険者になる。なお、国内に住所を有していても第１号被保険者になれない一定の場合（医療滞在ビザで来日した者など）がある。

2 第２号被保険者

会社員、公務員、私学の教職員など**厚生年金保険に加入**している者は、第２号被保険者になる。第２号被保険者は、厚生年金保険と国民年金にも同時に加入しているため、両方から年金の支給を受けることができる。また、60歳以降65歳に達するまで厚生年金保険に加入し続ける場合は、第２号被保険者の資格は継続する。さらに、老齢基礎年金の受給資格期間を満たしていない65歳以上70歳未満の者も、第２号被保険者となる。

3 第３号被保険者

会社員や公務員の妻で専業主婦やパート勤めの者など**第２号被保険者に扶養されている配偶者**（**被扶養配偶者**）のうち、次の要件に該当する者は第３号被保険者になる。

- **20歳以降60歳未満**であること
- 年収が**130万円未満**であること
- **日本国内に住所を有する者**、または海外留学生のように日本国内に住所を有しないが渡航目的その他の事情を考慮して**日本国内に生活の基礎**があると認められる一定の者であること。ただし、第１号被保険者と同様に、国内に住所を有していても、第３号被保険者になれない一定の場合がある。

	国籍要件	国内居住要件	20歳以上60歳未満という要件
第１号被保険者	×	○	○
第２号被保険者	×	×	×
第３号被保険者	×	○	○

（注）○…要件あり／×…要件なし

4 被保険者資格の取得・喪失の手続き

被保険者資格の取得および喪失の手続きの具体例は、次のとおりである。

具体例	種別	手続き
高卒で会社に就職	無資格→第２号	会社が手続き
大学生が20歳になった	無資格→第１号	住所地の市区町村役場へ届出
会社員が転職	第２号→第２号	会社が手続き
会社員Ａが会社員Ｂの被扶養配偶者となった	第２号→第３号	Ｂの勤務先が手続き
会社員Ａが60歳未満で退職（Ｂは被扶養配偶者）	Ａ：第２号→第１号 Ｂ：第３号→第１号	住所地の市区町村役場へ退職日の翌日から14日以内に届出

POINT!

日本国内に住んでいる20歳以上60歳未満の者はすべて国民年金に加入しており、第１号被保険者・第２号被保険者・第３号被保険者の３種類に分けられる。

7 国民年金の任意加入制度

国民年金の適用から除外されていても、将来の年金の受給につなげたい場合は、本人の希望によって国民年金に任意加入できる。任意加入した場合には、第１号被保険者となる。ただし、老齢基礎年金の繰上げ支給を受けている者は、任意加入できない。

■任意加入できる者

① 日本国内に住所を有する60歳以上65歳未満の者
② 外国に居住している20歳以上65歳未満の日本国籍の者

なお、**65歳になっても老齢基礎年金の受給資格期間を満たしていない1965年４月１日以前に生まれた者**については、特例的に70歳まで任意加入することができる。この場合は、**受給資格期間を満たす目的**で加入できるが、すでに受給資格を得ている者が年金額を増やす目的では加入することができない。

第4章 公的年金の概要

POINT!

国民年金には、60歳以上の者や海外居住者でも加入できる任意加入制度がある。

8 厚生年金保険の被保険者

1 適用事業所

常時１人以上の従業員を使用する国、地方公共団体または法人の事業所（代表者のみの法人の事業所も含む）と常時５人以上の従業員を使用して適用業種を行う個人の事業所は、厚生年金保険の強制適用事業所となる。適用業種には弁護士・税理士・社会保険労務士などの士業も含まれる。

従業員数が５人未満の個人の事業所や５人以上のサービス業、農業、漁業などを行う個人の事業所は、任意適用事業所となる。厚生労働大臣の認可を受けることによって厚生年金保険の適用を受けることができる。

2 当然被保険者

厚生年金保険の適用事業所に使用される70歳未満の者は、原則として、法人の役員も含めて、厚生年金保険の被保険者となる。なお、強制適用事業所である個人事業所の事業主は、使用される者に該当しないため、被保険者とならない。

3 被保険者となる短時間労働者

次の要件をいずれも満たす者は被保険者となる。

① １週間の所定労働時間が、一般従業員の４分の３以上

② １カ月の所定労働日数が、一般従業員の４分の３以上

2024年10月から、被保険者が常時51人以上事業所を特定適用事業所とし、次の要件を満たす短時間労働者は被保険者となる。

① １週間の所定労働時間が20時間以上

② 賃金月額88,000円以上

③ 雇用期間の見込みが２カ月超

④ 学生でない者

なお、2024年９月までは、被保険者が常時101人以上の事業所を特定適用事業所とし、そこで使用される短時間労働者は被保険者となる。

4 任意単独被保険者

厚生年金保険の適用事業所以外の事業所に勤務する70歳未満の者は、事業主の同意を得て、単独で被保険者になることができる。

5 適用除外

次のいずれかに該当する者は、原則として厚生年金保険の被保険者とされない。

被保険者とされない者	例外
臨時に使用される者（船舶所有者に使用される船員を除く）であって、次に掲げる者 ① 日々雇い入れられる者 ② 2カ月以内の期間を定めて使用される者であって、当該期間を超えて使用されることが見込まれない者	①に掲げる者にあっては1カ月を超え、②に掲げる者にあっては所定の期間を超え、引き続き使用されるに至った場合には、それぞれ超えた日から被保険者となる
所在地が一定しない事業所に使用される者	—
季節的業務に使用される者（船舶所有者に使用される船員を除く）	当初から継続して4カ月を超えて使用される予定の場合は、使用された日から被保険者となる
臨時的事業の事業所に使用される者	当初から継続して6カ月を超えて使用される予定の場合は、使用された日から被保険者となる

6 被用者年金の一元化による被保険者の区分

公務員や私立学校の教職員が、厚生年金保険に加入することにより、厚生年金保険の被保険者は以下のように4種類に分けられ、種別ごとに被保険者期間をカウントする。種別ごとの被保険者期間に分けて実施機関が事務処理を行う。

種別	対象者	実施機関
第1号厚生年金被保険者	一元化前の厚生年金保険の被保険者	日本年金機構
第2号厚生年金被保険者	国家公務員共済組合連合会等の組合員	国家公務員共済組合連合会等
第3号厚生年金被保険者	地方公務員共済組合連合会等の組合員	地方公務員共済組合連合会等
第4号厚生年金被保険者	私立学校教職員共済の加入者	日本私立学校振興・共済事業団

7 当然被保険者の資格得喪と被保険者期間（原則）

資格取得 (主なもの)	・適用事業所に使用されるに至った日 ・使用される事業所が適用事業所となった日
資格喪失 (主なもの)	原則として、次のいずれかに該当するに至った日の翌日。ただし③はその日 ①死亡日 ②事業所または船舶に使用されなくなった日 ③70歳に達した日（誕生日の前日）
被保険者期間	月で計算。被保険者の資格を取得した月からその資格を喪失した月の前月まで

（具体例）生年月日：1964年11月15日

就職日：1987年４月１日

①60歳到達月の末日が退職日の場合

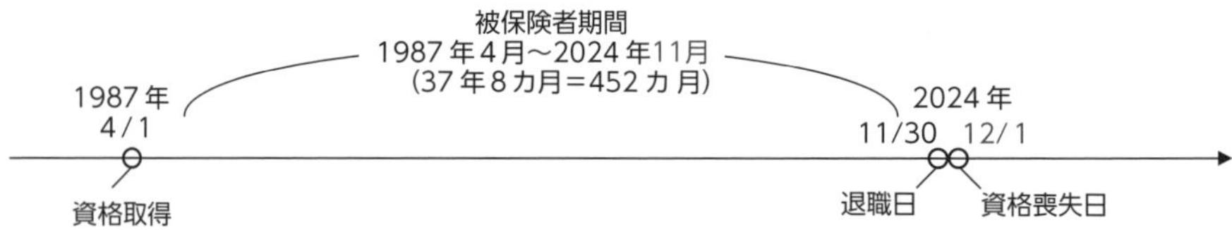

②70歳に達した場合

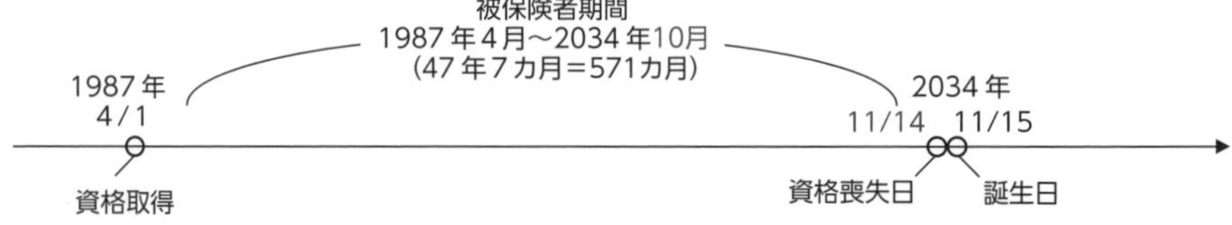

POINT!

厚生年金保険の被保険者は、70歳に達した日に被保険者資格を喪失する。

チェックテスト

(1) 日本の年金制度の１階部分は国民年金で、20歳以上65歳未満のすべての者が加入している。

(2) 公的年金制度で共通して使用する個人ごとの番号を基礎年金番号という。

(3) 基礎年金の国庫負担割合は、2009年４月以降３分の１である。

(4) 公的年金は世代間扶養の考え方を基本として運営されている。

(5) 厚生年金保険の被保険者で20歳未満の者は、国民年金の第２号被保険者である。

(6) 国民年金の第２号被保険者は、海外に住所を移すと20歳以上60歳未満であっても、被保険者の資格を喪失する。

(7) 外国に居住している20歳以上65歳未満の日本国籍の者は、国民年金に任意加入できる。

解答

(1) ×　(2) ○　(3) ×　(4) ○　(5) ○
(6) ×　(7) ○

第5章

公的年金の保険料

過去の出題状況	2022.5	2022.9	2023.1	2023.5	2023.9	2024.1
国民年金の保険料						
厚生年金保険の保険料					☆	
国民年金の免除制度	☆					

1. 国民年金の保険料

立場によって異なる国民年金保険料の納付について学ぶ。

2. 厚生年金保険の保険料

第２号被保険者が支払っている厚生年金保険料の決まり方を学ぶ。

3. 国民年金の免除制度

第１号被保険者だけに認められている免除制度の種類を学ぶ。

1 国民年金の保険料

国民年金の保険料を個別に納付するのは、第１号被保険者だけである。第２号被保険者、第３号被保険者については、厚生年金保険から拠出されるため、個別に納める必要はない。

被保険者の種別	保　険　料
第１号被保険者	①　被保険者本人に納付義務がある（本人に収入がない場合は世帯主が連帯して負担する）。 ②　保険料は毎年４月に280円ずつ引き上げられてきたが、2019年度以降は17,000円に固定されている（実際に納付する保険料はスライドを反映した額となるため差額が生じる）。このことを保険料水準固定方式という。 ③　2024年度の保険料は月額16,980円で、当月分を翌月末日までに納めるが、前納（最大２年）による割引や、口座振替による早収割引がある。 ④　保険料の納付が困難な者に対する保険料免除制度がある。 ⑤　滞納した場合、納付期限から２年以内であれば納めることができる。
第２号被保険者	①　給料と賞与から厚生年金保険の保険料が天引きされる。 ②　国民年金の保険料は、加入している厚生年金保険から一括して拠出されているため、厚生年金保険の保険料以外に負担する必要はなく、国民年金としての個人的な納付は不要である。
第３号被保険者	配偶者の加入している年金制度から拠出されているため、国民年金としての個人的な納付は不要である。

POINT!

第１号被保険者の保険料は、月額16,980円（2024年度）である。第２号被保険者、第３号被保険者は、個別に納める必要はない。

2 厚生年金保険の保険料

1 保険料の額

標準報酬月額と標準賞与額に対する保険料は、同じ保険料率で計算される。これを**総報酬制**といい、2003年４月に導入された。保険料の負担は、事業主と被保険者との**労使折半**である（任意単独被保険者含む）。

なお、保険料率は、毎年９月に0.354％ずつ引き上げられてきたが、2017年９月以降は**18.30％**に固定された。これを保険料水準固定方式という。

■厚生年金保険料

標準報酬月額・標準賞与額 × 18.30％（2017年9月〜）

2 標準報酬月額

標準報酬月額をもとに保険料を計算する。厚生年金保険の標準報酬月額は、第１級88,000円から第32級650,000円までの32等級に分かれている。

3 標準賞与額

３カ月を超える期間ごとに支払われる賞与から1,000円未満の端数を切り捨てたものである。１カ月につき**150万円**の上限が設けられており、これを超える部分については保険料が賦課されず、給付にも反映しない。

4 産前産後休業・育児休業中の保険料免除

産前産後休業・育児休業中の保険料は、**子が３歳になるまで**、事業主の申出により、本人負担分・事業主負担分ともに免除される。なお、**年金額の計算では保険料納付済期間**となる。また、子が３歳になるまで、勤務時間を短縮するなどして働いたことで、標準報酬月額が低下し、休業前よりも低い標準報酬月額に基づき保険料を納付した場合でも、将来の年金受取額が低下しないように、年金額の算定上は休業前の標準報酬で保険料が納付されたものとみなす。

なお、育児休業を開始した月の末日に育児休業が終了していた場合でも、当該月内の育児休業が**14日以上**あるときは、当該月の保険料が免除される。賞与に係る保険料については、賞与支払月の末日を含む**１カ月超**の育児休業をしていた場合に免除される。

POINT!

厚生年金保険料：標準報酬月額・標準賞与額×18.30%（2017年９月～）

3 国民年金の免除制度

第１号被保険者は国民年金の保険料を納付しなければならないが、経済的な理由等で納付が困難な場合、保険料の免除を受けられる。免除の種類には、**法定免除・申請免除・産前産後期間の免除制度**があり、そのほか特例として、**学生納付特例制度・納付猶予制度**がある。

1 法定免除

生活保護法の生活扶助を受けている人、障害基礎年金または２級以上の障害厚生年金を受けている人、一定の施設に入所している人があてはまり、届出をすれば法律上当然に保険料が免除になる。遺族基礎年金などの遺族給付を受けている人は、対象にならない。なお、免除された期間は、受給資格期間に算入される。老齢基礎年金の額を計算するときには、所定の割合が反映される。

2 申請免除

本人と配偶者および世帯主の前年の所得が一定額以下であれば、申請によって保険料が免除になる。保険料の全額が免除される**全額免除**のほか、**４分の３免除**、**半額免除**、**４分の１免除**の４段階がある。なお、免除された期間は、受給資格期間に算入される。老齢基礎年金の額を計算するときには、所定の割合が反映される。

3 産前産後期間の免除制度

2019年４月以降、産前産後期間（出産予定日または出産日が属する月の前月から**４カ月間**（多胎妊娠の場合は出産予定日または出産日が属する月の３カ月前から**６カ月間**））の保険料が免除される（任意加入被保険者は除く）。免除された期間は**保険料納付済期間**となるため、老齢基礎年金の額に反映される。また、免除されている期間であっても**付加保険料は納付可能**であり、免除される前に保険料を前納していた場合は還付される。なお、申請は出産予定日の６カ月前から可能であり、出産後に申請した場合、保険料が免除される期間は出産月の前月から出産月の翌々月までの４カ月間（多胎妊娠の場合は出産月の３カ月前から出産月の翌々月までの６カ月間）となる。

4 学生納付特例制度

対象者は、大学や専門学校の20歳以上60歳未満の学生である。**本人**の前年の所得が一定額以下であれば、申請により保険料の納付が猶予される。申請は毎年必要である。申請先は、学生本人の住所地の市区町村役場、最寄りの年金事務所または学生納付特例の代行事務の許認可を受けている学校等の窓口である。なお、この期間は、受給資格期間には算入されるが、老齢基礎年金の額には反映されない。

5 納付猶予制度

対象者は、**50歳未満**の第1号被保険者である。**本人と配偶者**の前年の所得が一定額以下であれば、申請により保険料の納付が猶予される。なお、この期間は、受給資格期間には算入されるが、老齢基礎年金の額には反映されない。

（注）この制度は、2030年6月までの時限措置である。

6 年金額への反映

(1)「国庫負担3分の1」の場合（2009年3月まで）

免除期間の評価は3分の1として計算する。

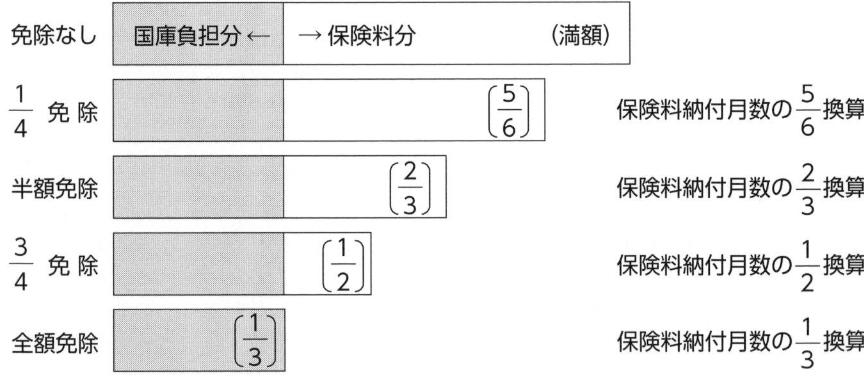

(2)「国庫負担2分の1」の場合（2009年4月以降）

免除期間の評価は2分の1として計算する。

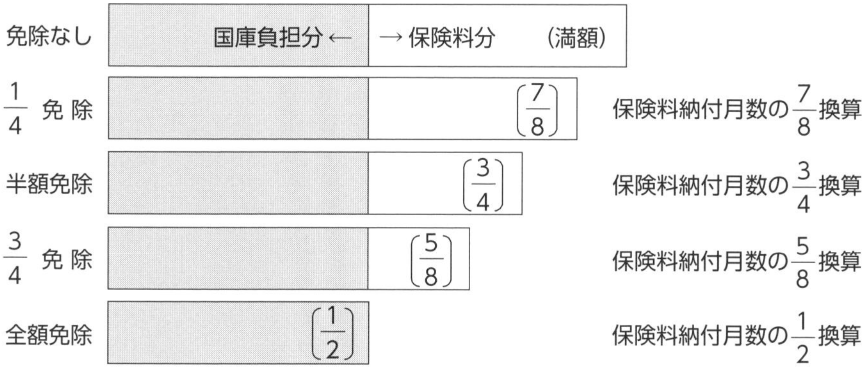

	国庫負担分	保険料分	
免除なし	国庫負担分←	→保険料分　（満額）	
$\frac{1}{4}$ 免除		$\left(\frac{7}{8}\right)$	保険料納付月数の$\frac{7}{8}$換算
半額免除		$\left(\frac{3}{4}\right)$	保険料納付月数の$\frac{3}{4}$換算
$\frac{3}{4}$ 免除		$\left(\frac{5}{8}\right)$	保険料納付月数の$\frac{5}{8}$換算
全額免除	$\left(\frac{1}{2}\right)$		保険料納付月数の$\frac{1}{2}$換算

<table>
<tr><th colspan="2"></th><th>受給資格期間</th><th>年金額</th><th>所得の判定</th><th>障害基礎年金</th></tr>
<tr><td colspan="2">法定免除</td><td rowspan="8">反映される</td><td rowspan="5">一部反映される</td><td>—</td><td rowspan="8">支給される</td></tr>
<tr><td rowspan="4">申請免除</td><td>全額免除</td><td rowspan="4">本人・配偶者・世帯主</td></tr>
<tr><td>4分の3免除</td></tr>
<tr><td>半額免除</td></tr>
<tr><td>4分の1免除</td></tr>
<tr><td colspan="2">学生納付特例制度</td><td rowspan="2">反映されない</td><td>本人</td></tr>
<tr><td colspan="2">納付猶予制度</td><td>本人・配偶者</td></tr>
<tr><td colspan="2">産前産後期間の免除制度</td><td>反映される</td><td>—</td></tr>
</table>

7 追　納

保険料の免除を受けていた者は、免除されていた期間の保険料の全部または一部を過去**10年**までさかのぼってまとめて納めることができる。これを**追納**という。追納の対象となる免除期間は、法定免除・申請免除・学生納付特例制度・納付猶予制度の期間である。追納により、保険料免除期間は保険料納付済期間となる。また、追納した保険料は、**社会保険料控除**の適用を受けることができる。

保険料の免除もしくは納付猶予を受けた期間の翌年度から起算して**3年度目以降**に保険料を追納する場合の納付額は、保険料の免除を受けた当時の保険料の額に政令で定める**加算額**が上乗せされる。例えば、2024年度中に追納する場合、2021年度以前に免除を受けた保険料に加算額が上乗せされる。

POINT!

申請免除には、全額免除・4分の3免除・半額免除・4分の1免除の4段階がある。

チェックテスト

(1) 国民年金の保険料は、前納をすることで割引があり、最大1年分の保険料を前納することができる。

(2) 産前産後休業期間中の厚生年金保険料は、申請により本人負担分は免除されるが、事業主負担分は免除されない。

(3) 育児休業中の厚生年金保険料は、子が1歳になるまでに限り、申請により本人負担分・事業主負担分ともに免除される。

(4) 厚生年金保険の保険料率は、2017年9月以降18.30%で固定されている。

(5) 厚生年金保険の標準賞与額に対する保険料賦課の上限額は、1回の支給につき150万円である。

(6) 申請免除の所得の判定対象者は、被保険者本人だけでなく、被保険者の配偶者および世帯主も含まれる。

(7) 学生納付特例制度を受けるためには、学生本人だけでなく、世帯主の所得も一定金額以下でなければならない。

(8) 申請免除により免除された国民年金の保険料は、免除の承認を受けた月から10年を経過すると追納することができなくなる。

(9) 納付猶予の適用を受けた期間は、保険料の追納をしない限り、老齢基礎年金の金額には反映されない。

解答

(1) ×　(2) ×　(3) ×　(4) ○　(5) ○
(6) ○　(7) ×　(8) ○　(9) ○

第6章

老齢給付

過去の出題状況	2022.5	2022.9	2023.1	2023.5	2023.9	2024.1
老齢基礎年金	☆	☆		☆	☆	☆
特別支給の老齢厚生年金		☆				
65歳からの老齢厚生年金	☆	☆		☆	☆	
加給年金額と振替加算	☆	☆		☆	☆	
在職老齢年金		☆			☆	☆

1. 老齢基礎年金

老齢基礎年金の受給要件、年金額、付加年金、繰上げ支給、繰下げ支給などを学ぶ。

2. 特別支給の老齢厚生年金

特別支給の老齢厚生年金の受給要件、支給開始年齢、年金額などを学ぶ。

3. 65歳からの老齢厚生年金

65歳からの老齢厚生年金の受給要件、年金額、繰上げ支給、繰下げ支給などを学ぶ。

4. 加給年金額と振替加算

加給年金額と振替加算について理解を深める。

5. 繰上げ支給の具体例

老齢年金の繰上げの具体的計算方法を学ぶ。

6. 在職老齢年金

在職老齢年金の仕組みについて学ぶ。

1 老齢基礎年金

1 受給資格期間

原則として、保険料納付済期間、保険料免除期間、合算対象期間を合わせた期間（**受給資格期間**）が**10年以上**ある者が65歳に達したとき、老齢基礎年金を受給することができる。

保険料納付済期間 ＋ 保険料免除期間 ＋ 合算対象期間 ≧ 10年

(1) 保険料納付済期間

保険料納付済期間とは、文字通り保険料を納めた期間である。第１号被保険者として保険料を納付した期間だけでなく、**第２号被保険者のうち20歳以上60歳未満の期間**、**第３号被保険者期間**および**産前産後期間の保険料免除期間**も含まれる。

(2) 保険料免除期間

保険料免除期間とは、保険料の納付を免除された期間のことである。法定免除、申請免除により保険料が免除された期間のほかに、学生納付特例制度、納付猶予制度の期間も含まれる。

(3) 合算対象期間

合算対象期間とは、カラ期間ともいわれ、受給資格期間の対象にはなるが、老齢基礎年金の**年金額には反映されない期間**をいう。代表的なものとしては、次のような期間が該当する。

① 会社員世帯の専業主婦で、1961年４月から1986年３月までの任意加入期間のうち、国民年金に任意加入しなかった**20歳以上60歳未満**の期間。

② 国民年金の第２号被保険者で、1986年４月以降の加入期間のうち、**20歳未満**の期間と**60歳以後**の期間。

③ 日本国籍を有する海外居住者で、1986年４月以後の任意加入期間のうち、国民年金に任意加入しなかった**20歳以上60歳未満**の期間。

④ 昼間部の大学生で、1961年４月から1991年３月までの任意加入期間うち、国民年金に任意加入しなかった**20歳以上60歳未満**の期間

2 年金額

老齢基礎年金の年金額は、**816,000円**（2024年度、新規裁定者）である。これは、20歳から60歳に達するまでの40年間の国民年金の加入期間が、すべて保険料納付済期間で満たされている場合の額である。保険料納付済月数が40年または**加入可能年数**（原則40年）の12倍に満たない場合には、その不足する額に応じて減額され、次の式

で計算した額が支給される。

$$816{,}000円 \times \frac{A+B\times\frac{5}{6}+C\times\frac{2}{3}+D\times\frac{1}{2}+E\times\frac{1}{3}+F\times\frac{7}{8}+G\times\frac{3}{4}+H\times\frac{5}{8}+I\times\frac{1}{2}}{加入可能年数（原則40年）\times 12月}$$

A：保険料納付済月数
B：2009年3月までの4分の1免除月数
C：2009年3月までの半額免除月数
D：2009年3月までの4分の3免除月数
E：2009年3月までの全額免除月数
F：2009年4月以降の4分の1免除月数
G：2009年4月以降の半額免除月数
H：2009年4月以降の4分の3免除月数
I：2009年4月以降の全額免除月数

■免除期間の反映割合

	全額免除	$\frac{3}{4}$免除	半額免除	$\frac{1}{4}$免除
2009年3月までの期間 国庫負担 3分の1	$\frac{1}{3}$	$\frac{1}{2}$	$\frac{2}{3}$	$\frac{5}{6}$
2009年4月以降の期間 国庫負担 2分の1	$\frac{1}{2}$	$\frac{5}{8}$	$\frac{3}{4}$	$\frac{7}{8}$

（1）加入可能年数

国民年金制度が発足した1961年4月当時、20歳以上の者（1941年4月1日以前生まれの者）は、60歳に達するまで40年間加入することができない。そこで、これらの者は、1961年4月から60歳に達するまでの期間について、すべて保険料を納めていれば満額の老齢基礎年金が受けられることになっている。その期間のことを加入可能年数という。

（2）国庫負担割合

基礎年金の国庫負担割合は、2009年3月までは**3分の1**であったが、2009年4月から**2分の1**に引き上げられた。このことにより、免除期間への反映割合が異なる。なお、免除期間とは、法定免除と申請免除のことをさしている。学生納付特例制度、納付猶予制度の期間は、年金額には反映されない。

3 付加年金

付加年金は、付加保険料の納付済期間のある者が、老齢基礎年金の受給権を得たときに支給される。

（1）付加保険料

付加保険料は月額**400円**であり、納付できるのは国民年金の第1号被保険者である。保険料を免除されている者、第２号被保険者、第３号被保険者は納付できない。任意加入被保険者については、65歳未満の任意加入被保険者は納付できるが、65歳以上70歳未満の任意加入被保険者はできない。また、国民年金基金の加入員も納付できない。

(2) 付加年金額

年金額は、次の式で計算した額である。老齢基礎年金を繰上げまたは繰下げで受給する場合には、付加年金も同率で減額または増額される。

付加年金額 ＝ 200円 × 付加保険料納付済月数

4 支給開始年齢

老齢基礎年金は、原則**65歳**から支給される。受給資格期間を満たしている人が65歳に達したときに受給権が発生し、年金はその翌月から支給される。なお、65歳に達したときとは**65歳の誕生日の前日**である。例えば、1959年10月１日生まれの人の場合は、2024年９月30日に受給権が発生し、その翌月の2024年10月分から支給される。また、1959年10月２日生まれの人は、2024年10月１日に受給権が発生し、その翌月の2024年11月分から支給される。

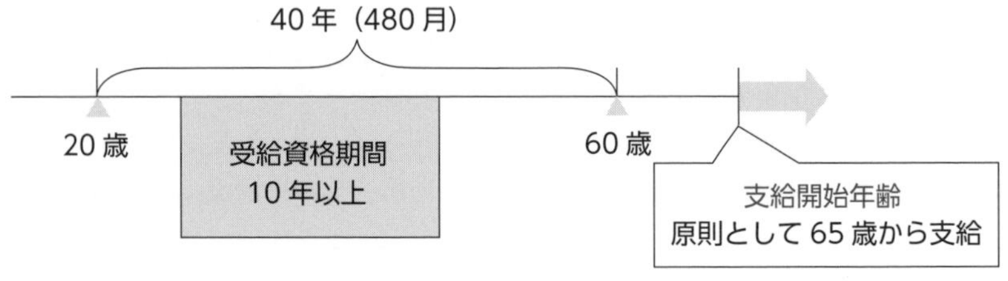

5 繰上げ支給

老齢基礎年金の支給開始年齢は、原則として65歳である。しかし、老齢基礎年金の受給資格期間を満たした者は、60歳以上65歳未満の希望するときから老齢基礎年金の支給を繰り上げて受けることができる。繰上げ支給を受けると、繰上げ支給の年齢に応じて、年金額は減額される。また、付加年金がある場合には付加年金も繰上げ支給となる。

(1) 1941年４月１日以前に生まれた者

繰上げ支給を請求したときの満年齢に応じての支給となる。つまり、年単位で行うということである。

(2) 1941年4月2日以降に生まれた者

繰上げ支給による減額率は繰上げ1カ月当たり0.4%（1962年4月1日以前生まれの者は0.5%）で、実際の減額率はこれに繰り上げた月数を乗じて算定される。例えば、60歳0カ月で繰上げ支給を請求した場合、減額率は0.4%×60カ月＝24%となるので、76%が支給される。

(3) 繰上げ支給の注意点

繰上げ支給を請求する場合は、次の点に注意する必要がある。

① 一生減額された年金額が支給される（65歳で引き上げられるわけではない）。
② 取消しができない。
③ 寡婦年金の受給権を失う。
④ 障害基礎年金の受給権を取得できない。
⑤ 国民年金の任意加入被保険者にはなれない。
⑥ 振替加算の対象者は、65歳からでなければ振替加算は加算されない。老齢基礎年金を繰上げることで、振替加算額が減額されることはない。

6 繰下げ支給

老齢基礎年金の支給開始年齢は原則65歳であるが、繰上げ支給とは逆に、**66歳から75歳まで**（1952年4月1日以前生まれの者は70歳まで）の希望する年齢に支給開始年齢を繰り下げて受け取ることもできる。繰下げ支給を申し出た場合、その年齢に応じて、増額した年金が支給される。

なお、65歳で老齢基礎年金の受給権を取得し、繰下げ待機をしていた場合でも、65歳からの年金をさかのぼって**一括受給**できる。

(1) 1941年4月1日以前に生まれた者

繰下げ支給を請求したときの満年齢に応じての支給となる。つまり、繰上げと同様に年単位で行うということである。

(2) 1941年4月2日以降に生まれた者

繰下げ支給による増額率は繰下げ**1カ月当たり0.7%**で、実際の増額率はこれに繰り下げた月数を乗じて算定される。例えば、67歳0カ月で繰下げを申し出た場合、増額率は0.7%×24カ月＝16.8%となるので、116.8%に増額される。なお、増額率は最高で84%、最低で8.4%となる。

(3) みなし繰下げ制度

① 概要

年金給付を受ける権利は、原則として5年で時効により消滅するが、65歳から5年を超えたときに一括受給の請求をした場合、時効により消滅する部分が発生してしまう。そこで、安心して75歳まで繰下げ待機できるように、2023年4月1日以後、みなし繰下げ制度が設けられた。

70歳以後に老齢基礎年金の請求をする場合において、繰下げ支給の申出をしないときは、その請求をした日より**5年前に繰下げ支給の申出をしたものとみなされる**。支給を受ける年金額には、繰下げ増額率が適用される。対象者は次のいずれかに該当する者である。

・2023年3月31日時点において71歳未満の者
・2023年3月31日時点において老齢基礎年金の受給権を取得した日から起算して6年を経過していない者

なお、80歳以後に請求する場合や、請求する5年前の日以前から障害年金・遺族年金を受け取る権利がある場合は、みなし繰下げ制度を利用できない。

② **具体例**

65歳時点における年金額が70万円である者が、72歳0カ月で繰下げ支給の申出をせず請求した場合、5年前の67歳0カ月で繰下げ支給の申出をしたものとみなされる。すなわち、2年繰り下げたものとみなされる。また、67歳から72歳までの5年分を一括で受け取ることができ、72歳以後は増額率が適用された年金額を受け取ることができる。

増額率：2年×12カ月×0.7%＝16.8%
一括受取額：70万円×(1＋16.8%)×5年＝4,088,000円
72歳以後の年金額：70万円×(1＋16.8%)＝817,600円

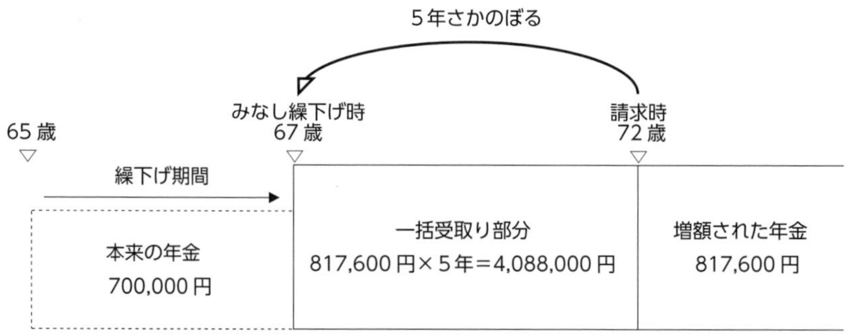

(4) 繰下げ支給の注意点

繰下げ支給を請求する場合は、次の点に注意する必要がある。

① 老齢厚生年金を受給できる者が老齢基礎年金を繰下げ支給にする場合、老齢基礎年金のみ繰り下げられる。各々の年金で繰下げ支給することができる。
② 66歳に達するまでは繰下げの申し出はできない。
③ 付加年金も繰り下げられ、老齢基礎年金と同じ率で増額される。
④ 振替加算は、**繰下げ支給の開始月**から**増額**されずに支給される。
⑤ **寡婦年金**を受給していた場合でも、繰下げ支給を請求できる。
⑥ 65歳の誕生日の前日から66歳の誕生日の前日までの間に、障害年金や遺族年金の受給権を有するときは、繰下げの申し出はできない。

繰上げ (60歳から64歳)	「0.4%×繰り上げた月数」が減額され、一生、減額された年金を受給する。 ※　2022年３月以前に60歳に達している者（1962年４月１日以前生まれの者）は「0.5%」
繰下げ (66歳から75歳)	「0.7%×繰り下げた月数」が増額され、一生、増額された年金を受給する。 ※　2022年３月以前に70歳に達している者（1952年４月１日以前生まれの者）は「70歳まで」

■繰上げによる支給率（1941年４月２日以降に生まれた者）

請求月	支給開始年齢				
	60歳	61歳	62歳	63歳	64歳
０カ月	76.0%(70.0%)	80.8%(76.0%)	85.6%(82.0%)	90.4%(88.0%)	95.2%(94.0%)
１カ月	76.4%(70.5%)	81.2%(76.5%)	86.0%(82.5%)	90.8%(88.5%)	95.6%(94.5%)
２カ月	76.8%(71.0%)	81.6%(77.0%)	86.4%(83.0%)	91.2%(89.0%)	96.0%(95.0%)
３カ月	77.2%(71.5%)	82.0%(77.5%)	86.8%(83.5%)	91.6%(89.5%)	96.4%(95.5%)
４カ月	77.6%(72.0%)	82.4%(78.0%)	87.2%(84.0%)	92.0%(90.0%)	96.8%(96.0%)
５カ月	78.0%(72.5%)	82.8%(78.5%)	87.6%(84.5%)	92.4%(90.5%)	97.2%(96.5%)
６カ月	78.4%(73.0%)	83.2%(79.0%)	88.0%(85.0%)	92.8%(91.0%)	97.6%(97.0%)
７カ月	78.8%(73.5%)	83.6%(79.5%)	88.4%(85.5%)	93.2%(91.5%)	98.0%(97.5%)
８カ月	79.2%(74.0%)	84.0%(80.0%)	88.8%(86.0%)	93.6%(92.0%)	98.4%(98.0%)
９カ月	79.6%(74.5%)	84.4%(80.5%)	89.2%(86.5%)	94.0%(92.5%)	98.8%(98.5%)
10カ月	80.0%(75.0%)	84.8%(81.0%)	89.6%(87.0%)	94.4%(93.0%)	99.2%(99.0%)
11カ月	80.4%(75.5%)	85.2%(81.5%)	90.0%(87.5%)	94.8%(93.5%)	99.6%(99.5%)

※　カッコ内の数値は、2022年３月以前に60歳に達している者（1962年４月１日以前生まれの者）

■繰下げによる支給率（1941年4月2日以降に生まれた者）

請求月	支給開始年齢									
	66歳	67歳	68歳	69歳	70歳	71歳	72歳	73歳	74歳	75歳
0カ月	108.4%	116.8%	125.2%	133.6%	142.0%	150.4%	158.8%	167.2%	175.6%	184.0%
1カ月	109.1%	117.5%	125.9%	134.3%	142.7%	151.1%	159.5%	167.9%	176.3%	
2カ月	109.8%	118.2%	126.6%	135.0%	143.4%	151.8%	160.2%	168.6%	177.0%	
3カ月	110.5%	118.9%	127.3%	135.7%	144.1%	152.5%	160.9%	169.3%	177.7%	
4カ月	111.2%	119.6%	128.0%	136.4%	144.8%	153.2%	161.6%	170.0%	178.4%	
5カ月	111.9%	120.3%	128.7%	137.1%	145.5%	153.9%	162.3%	170.7%	179.1%	
6カ月	112.6%	121.0%	129.4%	137.8%	146.2%	154.6%	163.0%	171.4%	179.8%	
7カ月	113.3%	121.7%	130.1%	138.5%	146.9%	155.3%	163.7%	172.1%	180.5%	
8カ月	114.0%	122.4%	130.8%	139.2%	147.6%	156.0%	164.4%	172.8%	181.2%	
9カ月	114.7%	123.1%	131.5%	139.9%	148.3%	156.7%	165.1%	173.5%	181.9%	
10カ月	115.4%	123.8%	132.2%	140.6%	149.0%	157.4%	165.8%	174.2%	182.6%	
11カ月	116.1%	124.5%	132.9%	141.3%	149.7%	158.1%	166.5%	174.9%	183.3%	

※　2022年3月以前に70歳に達している者（1952年4月1日以前生まれの者）は、70歳まで繰り下げることができる（上限142%）

POINT!

- 老齢基礎年金を受けるためには、原則として保険料納付済期間、保険料免除期間、合算対象期間を合わせて10年以上必要である。
- 老齢基礎年金の満額年金額は、816,000円（2024年度、新規裁定者）である。
- 老齢基礎年金は、原則65歳から支給される。
- 繰上げ支給による減額率は、繰上げ1カ月当たり0.4%である（1962年4月2日以後生まれの者の場合）。
- 繰下げ支給による増額率は、繰下げ1カ月当たり0.7%である（1941年4月2日以後に生まれた者の場合）。

2 特別支給の老齢厚生年金

1 受給要件

老齢厚生年金の支給開始年齢は原則65歳からであるが、当分の間、65歳よりも前に特別支給の老齢厚生年金が支給される。

特別支給の老齢厚生年金の受給要件は、老齢基礎年金の受給資格期間を満たしていることが前提条件となる。つまり、原則として10年の受給資格期間が必要である。さらに、この期間のなかに厚生年金保険の被保険者期間が**1年以上**あれば、特別支給の老齢厚生年金が支給される。

① 60歳以上65歳未満であること
② 1年以上の厚生年金保険の被保険者期間を有していること
③ 老齢基礎年金の受給資格期間を満たしていること

2 支給開始年齢

特別支給の老齢厚生年金の支給開始年齢は、2001年度から段階的に引き上げられている。厚生年金保険の場合には、**女性は男性よりも5年遅れ**で支給開始年齢の引上げが実施される。なお、共済組合の加入期間を有する女性に対し、当該期間に基づいて支給される特別支給の老齢厚生年金に係る支給開始年齢は、一元化前の厚生年金保険法に規定されている男性に係る特別支給の老齢厚生年金の支給開始年齢と同様である。

(1) 定額部分の引上げ

1994年の改正では、定額部分が次のように段階的に引き上げられることになった。**1941年4月2日生まれの男性**が60歳を迎えるのが2001年4月1日であり、定額部分の引上げはこの時期からスタートした。女性の場合には、**1946年4月2日生まれの女性**が60歳を迎えるのが2006年4月1日であり、この時期からスタートした。

(2) 報酬比例部分の引上げ

2000年の改正では、報酬比例部分が次のように段階的に引き上げられることになった。**1953年4月2日生まれの男性**が60歳を迎えるのが2013年4月1日であり、報酬比例部分の引上げはこの時期からスタートした。女性の場合には、**1958年4月2日生まれの女性**が60歳を迎えるのが2018年4月1日であり、この時期からスタートしている。

■特別支給の老齢厚生年金「支給開始年齢の引上げ」

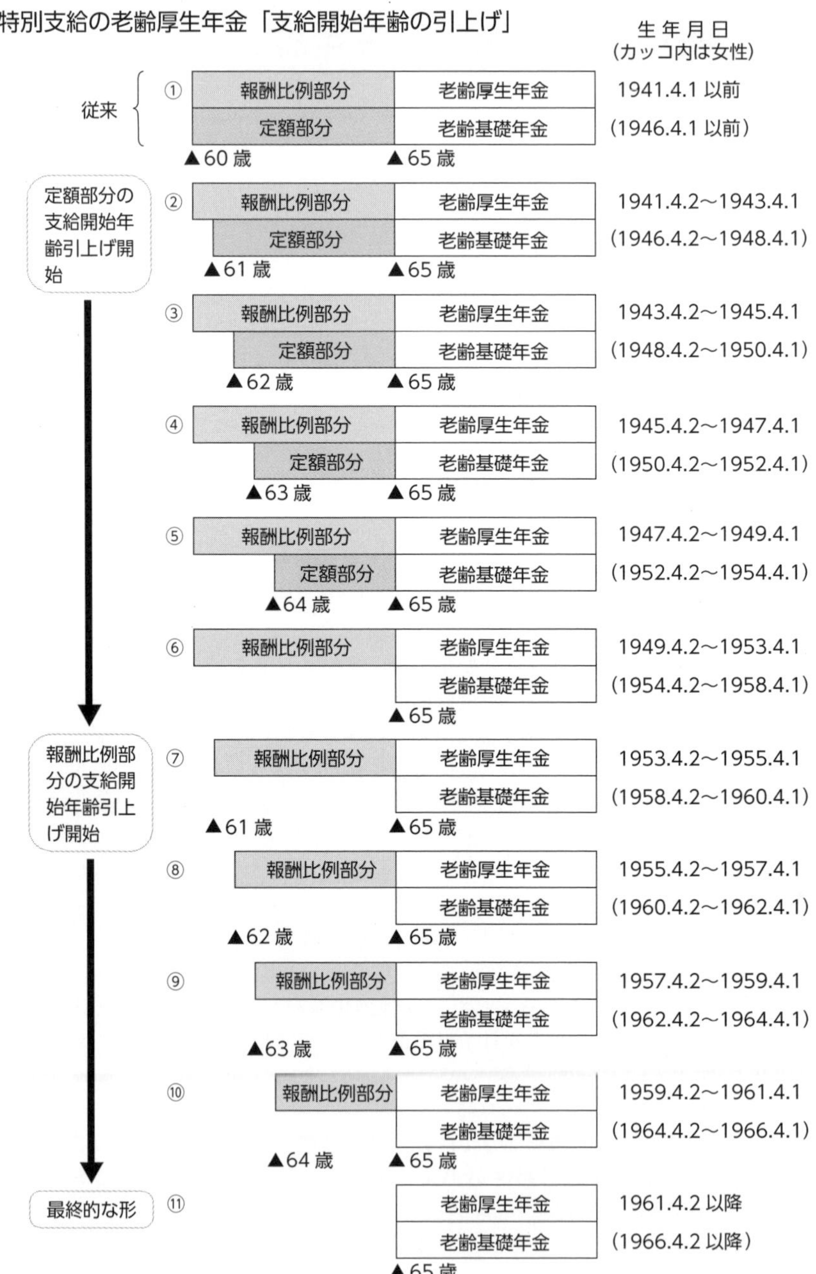

(注) 共済組合の加入期間を有する女性に対し、当該期間に基づいて支給される特別支給の老齢厚生年金に係る支給開始年齢は、一元化前の厚生年金保険法に規定されている男性に係る特別支給の老齢厚生年金の支給開始年齢と同様である。

3 障害者・長期加入者の特例

報酬比例部分のみの特別支給の老齢厚生年金の受給権者が、**障害者の特例・長期加入者の特例**に該当すれば、生年月日に応じ60歳ないし64歳に達したときから、**定額部分が加算**された特別支給の老齢厚生年金が支給される。この特例は、厚生年金保険の被保険者でないことが要件の1つである。つまり、退職した者に限り適用される。

障害者の特例	長期加入者の特例
① 厚生年金保険の被保険者でないこと ② 障害等級1～3級に該当する程度の障害状態にあること	① 厚生年金保険の被保険者でないこと ② 厚生年金保険の被保険者期間が44年（528月）以上あること

4 年金額

特別支給の老齢厚生年金は、報酬比例部分と定額部分に分けられる。さらに、一定の要件を満たせば加給年金額が加算される。

（1）報酬比例部分

2003年4月からの総報酬制導入に伴い、年金額は、**総報酬制導入前**（2003年3月まで）**の被保険者期間分と総報酬制導入後**（2003年4月以降）**の被保険者期間分とに分けて計算し、合計した金額となる。**

報酬比例部分＝①＋②

① 総報酬制導入前の期間分 ＝ 平均標準報酬月額[※1] × $\frac{\text{乗率}}{1{,}000}$ × 被保険者期間の月数

② 総報酬制導入後の期間分 ＝ 平均標準報酬額[※2] × $\frac{\text{乗率}}{1{,}000}$ × 被保険者期間の月数

※1　総報酬制導入前の被保険者期間における月収の平均額（該当年度の再評価率を使用）

※2　総報酬制導入後の被保険者期間における賞与も含めた平均月収の額（該当年度の再評価率を使用）

（注）乗率については、本来水準で計算する場合は新乗率を使用する。また、従前額保障で計算する場合は、旧乗率を使用するとともに、さらに従前額改定率を乗じて計算する。

（2）定額部分

被保険者の月数には、報酬比例部分と異なり、生年月日に応じた上限が設けられている。1946年4月2日以降生まれの者の場合、**480月**が上限となる。

定額部分 ＝ 1,701円※ × 生年月日に応じた乗率（1.875 ～ 1.000） × 被保険者期間の月数

※　新規裁定者の額。既裁定者は1,696円。

生年月日	定額部分 被保険者月数の上限
1929年４月１日以前生まれの人	420月（35年）
1929年４月２日～1934年４月１日生まれの人	432月（36年）
1934年４月２日～1944年４月１日生まれの人	444月（37年）
1944年４月２日～1945年４月１日生まれの人	456月（38年）
1945年４月２日～1946年４月１日生まれの人	468月（39年）
1946年４月２日以降生まれの人	480月（40年）

（3）従前額保障

報酬比例部分の計算式で使用する乗率は、生年月日によって定められており、2000年改正によって改定された。ただし、経過措置が設けられている。具体的には、改正後の計算式（新乗率を使用）で計算した年金額が、改正前（旧乗率を使用）で計算した金額を下回る場合には、改正前の年金額が支給される。これを、従前額保障という。

■1946年４月２日以降生まれの者の給付乗率

定額部分	報酬比例部分の給付乗率（1,000分の）			
定額単価の乗率	総報酬制導入前の期間分		総報酬制導入後の期間分	
	旧乗率	新乗率	旧乗率	新乗率
1.000	7.50	7.125	5.769	5.481

5 厚生年金基金の加入期間がある場合

厚生年金基金に加入した者に支給される老齢厚生年金（報酬比例部分）のうち、代行部分は厚生年金基金から支給される。つまり、厚生年金保険からは、その分を報酬比例部分から差し引いて支給されることになる。なお、代行部分の計算では、基金加入期間中の平均標準報酬月額および平均標準報酬額は再評価およびスライドを行う前の額に基づいて計算される。

POINT!

- **特別支給の老齢厚生年金を受給するためには、１年以上の厚生年金保険の被保険者期間を有していることが必要である。**
- **障害者の特例・長期加入者の特例に当てはまれば、定額部分が加算された特別支給の老齢厚生年金が支給される。**

3 65歳からの老齢厚生年金

1 受給要件

65歳になると特別支給の老齢厚生年金の受給権は失権し、代わって老齢基礎年金と老齢厚生年金の受給権が発生する。特別支給の老齢厚生年金では厚生年金保険の被保険者期間が1年以上必要であるのに対して、65歳以上の老齢厚生年金では1カ月以上の被保険者期間があればよいことになっている。また、特別支給の老齢厚生年金と同様に、老齢基礎年金の受給資格期間を満たしていない場合には、全く支給されない。

① 65歳以上であること
② 1カ月以上の厚生年金保険の被保険者期間を有していること
③ 老齢基礎年金の受給資格期間を満たしていること

2 年金額

65歳から支給される老齢厚生年金の額は、特別支給の老齢厚生年金の報酬比例部分の計算式で計算した額と同じである。

(1) 経過的加算

65歳以降の年金は、老齢厚生年金が特別支給の老齢厚生年金の報酬比例部分と同じであるのに対し、老齢基礎年金の計算式は特別支給の老齢厚生年金の定額部分とは異なっている。その結果、当面は老齢基礎年金に比べて定額部分のほうが高額となる。また、1961年4月1日以降の厚生年金保険の被保険者期間のうち20歳前の期間と60歳以降の期間は、定額部分の計算をするときには反映されるが、合算対象期間になるため老齢基礎年金の年金額には反映されない。

そこで、65歳前の年金額が維持されるように、報酬比例部分の年金額に次の式で計算した額が加算される。この加算のことを**経過的加算**という。具体的には、特別支給の老齢厚生年金の定額部分から、1961年4月以降で20歳以上60歳未満の厚生年金保険の被保険者期間の月数で計算された老齢基礎年金の額を差し引いた額である。

経過的加算 = ①定額部分 − ②老齢基礎年金相当額

① 定額部分 = 1,701円※ × 支給乗率 × 被保険者月数(上限480月)

② 老齢基礎年金相当額 = 816,000円※ × $\dfrac{\text{1961年4月以降で20歳以上60歳未満の月数(厚生年金保険の月数)}}{\text{480月}}$

※ 新規裁定者の額。

第6章 老齢給付

3 繰下げ支給

老齢厚生年金の受給権のある者で、66歳に到達する前に老齢厚生年金の請求をしていなかった場合には、老齢厚生年金の繰下げの申し出ができる。この制度では、老齢基礎年金を繰り下げずに老齢厚生年金だけを繰り下げることができる。

なお、障害厚生年金、遺族厚生年金、遺族基礎年金の受給権者は、老齢厚生年金の繰下げの申し出をすることはできない。

(1) 対象者

2007年4月以降に老齢厚生年金の受給権を取得する者が対象となる。

(2) 対象となる年金

65歳以降の老齢厚生年金が対象である。65歳になるまでの間に支給される特別支給の老齢厚生年金は対象にならない。

(3) 増額率

増額率は、老齢基礎年金の繰下げ増額率と同じである。つまり、1カ月繰り下げるごとに0.7%増額される。繰下げは75歳まで（2022年3月以前に70歳に達している者は70歳まで）認められる。

(4) 在職老齢年金との関係

繰下げ支給の増額の対象となる年金額は、在職老齢年金の支給調整後の年金額となる。つまり、支給停止された年金額は繰下げ支給の対象にならない。

(5) 加給年金額との関係

加給年金額は、老齢厚生年金を繰り下げしたとしても増額されない。また、繰下げ待機期間中は、加給年金額は支給されない。

(6) みなし繰下げ制度

70歳以後に老齢厚生年金の請求をする場合において、繰下げ支給の申出をしないときは、その請求をした日より5年前に繰下げ支給の申出をしたものとみなされる。支給を受ける年金額には、繰下げ増額率が適用される。対象者は次のいずれかに該当する者である。

- 2023年3月31日時点において71歳未満の者
- 2023年3月31日時点において老齢厚生年金の受給権を取得した日から起算して6年を経過していない者

なお、80歳以後に請求する場合や、請求する5年前の日以前から障害年金・遺族年金を受け取る権利がある場合は、みなし繰下げ制度を利用できない。

4 繰上げ支給

老齢厚生年金の繰上げは、老齢基礎年金と同時に行う必要がある。減額率は老齢基礎年金と同じである。なお、加給年金額は65歳から支給される。

(1) 報酬比例部分が61歳～64歳から支給される者

1953年4月2日～1961年4月1日生まれの男性と1958年4月2日～1966年4月1日生まれの女性が該当する。60歳以降報酬比例部分が支給されるまでの間に、報酬比例部分と老齢基礎年金と同時に繰り上げて支給を受けることができる。報酬比例部分の繰上げ月数は、繰上げ請求月から報酬比例部分の本来の支給開始時期の前月までの間で数える。一方、老齢基礎年金の繰上げ月数は、繰上げ請求月から65歳の前月までの間で計算する。つまり、両者では繰上げ月数が異なる。

(2) 報酬比例部分が支給されない者

1961年4月2日以降に生まれた男性と1966年4月2日以降に生まれた女性が該当する。60歳～65歳になる前月までの間に、老齢厚生年金と老齢基礎年金を同時に繰り上げて支給を受けることができる。

POINT!

- 65歳以上の老齢厚生年金を受給するためには、1カ月以上の厚生年金保険の被保険者期間を有していることが必要である。
- 老齢厚生年金の繰下げは、老齢基礎年金を繰り下げずに老齢厚生年金だけを繰り下げることができる。
- 老齢厚生年金の繰上げは、老齢基礎年金と同時に行う必要がある。

4 加給年金額と振替加算

1 加給年金額と振替加算の概要

加給年金額と振替加算はセットで理解することが大切である。**加給年金額**は家族手当のようなものであるため、配偶者が65歳になって自分自身の老齢基礎年金が受給できるようになると支給されなくなる。その代わりに、配偶者の年金に**振替加算**が加算される。次の図は、1960年4月2日生まれの夫と、専業主婦だった年下の妻に支給される世帯の年金のイメージ図である。

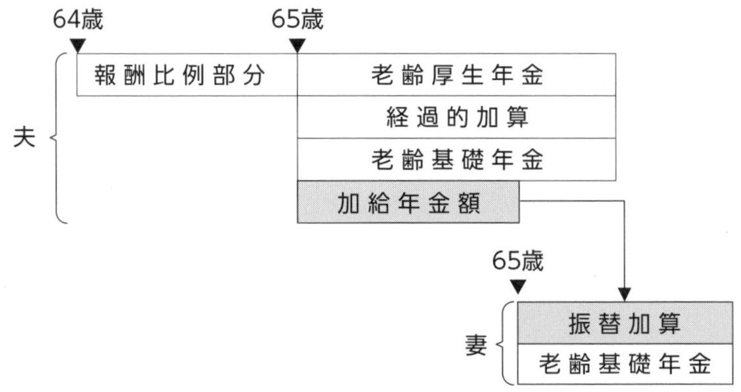

2 加給年金額

加給年金額の支給要件は、受給権者の厚生年金保険の被保険者期間が**20年以上**あること、そして、受給権者と加給年金額の対象者との間に**生計維持関係**があることである。特別支給の老齢厚生年金の**報酬比例部分のみが支給される期間は加給年金額の加算は行われない**。また、加給年金額の対象者には配偶者のほか、一定の年齢要件を満たす子も含まれる。

(1) 生計維持関係

老齢厚生年金の受給権者と加給年金額の対象者との間には、生計維持関係が必要である。具体的には、生計維持される人が、850万円以上の収入を将来にわたって得られない場合である。

(2) 対象となる配偶者

65歳未満の配偶者である。婚姻届を出している配偶者だけではなく、事実婚関係にある場合も含む。

加給年金額の対象となる配偶者自身が**被保険者期間20年以上**の老齢厚生年金、障害を支給事由とする公的年金給付等の支給を受けている場合、加給年金額は支給停止となる。さらに、2022年４月以降、配偶者が実際に年金の支給を受けていなくても、受給権を有する場合（在職により支給停止となっている場合等）は、加給年金額は支給停止となる。ただし、2022年３月時点において、①本人の老齢厚生年金または障害厚生年金に加給年金額が支給されており、かつ、②配偶者が受給権を有する被保険者期間20年以上の老齢厚生年金等の全額が支給停止されている場合は、2022年４月以降も引き続き加給年金額が支給される経過措置が設けられている。

また、配偶者が65歳到達前に老齢基礎年金の支給を繰り上げても、配偶者が65歳に達するまでは加給年金額が加算される。

（3）対象となる子

18歳到達年度末（18歳になった日以降、最初の３月31日）までの未婚の子、または、障害等級１級または２級の状態にある場合は20歳未満の未婚の子が対象となる。

（4）加給年金額

加給年金額は次のとおりである。また、1934年４月２日以降に生まれた受給権者には、配偶者特別加算が行われる。そのため、1943年４月２日以降に生まれた受給権者の配偶者加給年金額は408,100円となる（2024年度）。なお、この**生年月日は受給権者のもの**であり、加給年金額の対象者のものではない。

	加給年金額（2024年度）
配偶者	234,800円
１人目・２人目の子	234,800円
３人目の子	78,300円

受給権者の生年月日	特別加算額（2024年度）
1934年４月２日～1940年４月１日	34,700円
1940年４月２日～1941年４月１日	69,300円
1941年４月２日～1942年４月１日	104,000円
1942年４月２日～1943年４月１日	138,600円
1943年４月２日以降	173,300円

3 振替加算

配偶者加給年金額の対象になっていた者が、自分の老齢基礎年金を受けられるようになったとき、**振替加算**が老齢基礎年金に加算される。つまり、振替加算が加算されるためには、老齢厚生年金等の受給権者である配偶者の厚生年金保険の被保険者期間が20年以上あり、かつ、生計維持関係があったことが前提条件になる。

振替加算を支給する目的は、会社員世帯の専業主婦にみられるカラ期間がある者の年金が低額になることを防止することである。若い世代ほど強制加入の期間が長くなりカラ期間は短くなっていくため、振替加算の額は年齢が若くなるにつれて低くなっていく。最終的には、1966年４月２日以降生まれの者はゼロとなる。これは、1966年４月２日以降生まれの者は、原則としてカラ期間が生じないからである。なお、この生年月日は、振替加算を受ける者の生年月日である。

振替加算が加算された老齢基礎年金を受給している者が配偶者と離婚しても、振替加算は継続して加算される。なお、振替加算が加算された老齢基礎年金の受給権者が、**障害基礎年金**や**障害厚生年金**の支給を受けることができるときは、その間、振替加算は支給停止される。

① 夫が生計を維持し、妻が専業主婦のケース（夫が妻より年長のケース）

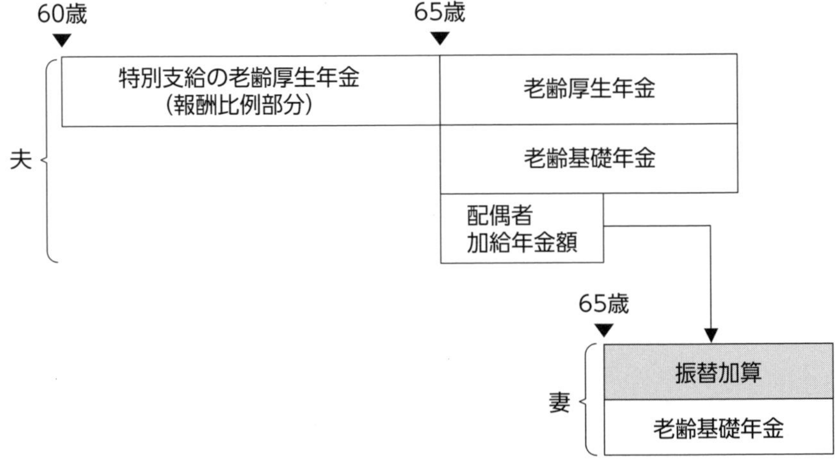

② 夫が生計を維持し、妻が専業主婦のケース（妻が夫より年長のケース）

〈妻が３歳年上の場合〉

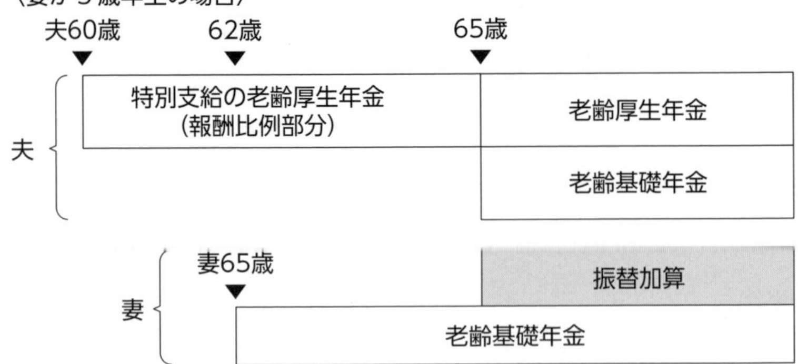

POINT!

- 加給年金額は、受給権者の厚生年金保険の被保険者期間が20年以上あることが要件である。
- 報酬比例部分のみの特別支給の老齢厚生年金には、加給年金額の加算は行われない。

5 繰上げ支給の具体例

1 全部繰上げと一部繰上げ

老齢基礎年金の繰上げには、全部を繰り上げる全部繰上げと、一部を繰り上げる一部繰上げがある。一部繰上げは1941年４月２日～1949年４月１日生まれの男性と1946年４月２日～1954年４月１日生まれの女性が対象となるが、これらの人は2024年４月１日時点で65歳以上であり、試験対策での重要度は低いため、一部繰上げの具体例は割愛する。

2 繰上げ支給の具体例（2024年度価額、新規裁定者）

老齢基礎年金の全部繰上げは、65歳以降の老齢基礎年金のすべてを60歳以降65歳になるまでに繰り上げる方法である。この場合、減額された老齢基礎年金が支給されるが、加給年金は65歳から支給される。

■通常受取りの年金額（1964年4月2日生まれの女性）

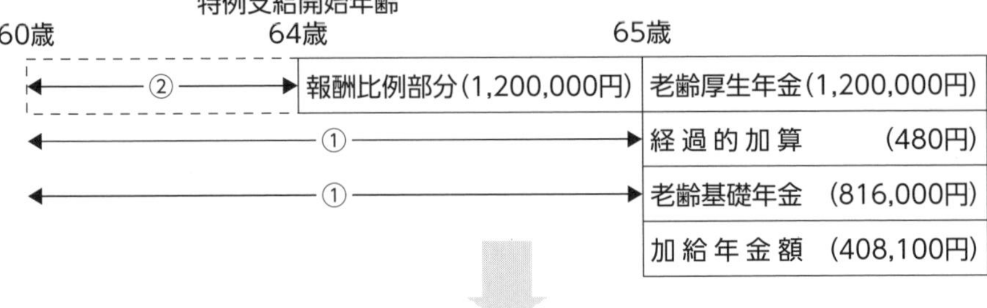

■60歳到達月に繰上げ支給の請求を行った場合の年金額

60歳　　65歳

報酬比例部分（969,485円）	老齢厚生年金（969,485円）
経過的加算（480円）	
繰上げの老齢基礎年金（620,160円）	
	加給年金額（408,100円）

■老齢基礎年金の繰上げによる支給額

老齢基礎年金の年金額×（1－0.4％×上記①）

（注）1962年4月2日以後生まれの者の例であるため、減額率は0.4％である

816,000円×（1－0.4％×60カ月）＝620,160円

■老齢厚生年金（報酬比例部分）の繰上げによる支給額

経過的加算の減額分は報酬比例部分から減額され、経過的加算そのものは減額されずに加算される。

報酬比例部分の減額分に係る繰上げ月数と経過的加算の減額分に係る繰上げ月数は異なる。

報酬比例部分の年金額－（報酬比例部分の年金額×0.4％×上記②＋経過的加算額×0.4％×上記①）

（注）1962年4月2日以後生まれの者の例であるため、減額率は0.4％である

1,200,000円－（1,200,000円×0.4％×48カ月＋480円×0.4％×60カ月）≒969,485円

POINT!

- 経過的加算の減額分は報酬比例部分から減額されるが、経過的加算そのものは減額されない。
- 繰上げ支給の請求をしても、加給年金額は65歳から加算される。

6 在職老齢年金

1 在職老齢年金の全体像

在職老齢年金とは、60歳以降も厚生年金保険の被保険者として働きながら受け取る特別支給の老齢厚生年金や老齢厚生年金のことである。総報酬月額相当額と基本月額の合計額に応じて、年金額の全部または一部が支給停止される。

(1) 在職老齢年金の対象者

在職老齢年金のルールが適用されるのは、あくまで厚生年金保険の被保険者として働いている者だけである。自営業者、厚生年金保険に加入しないで働いている者は対象外であるため、年金は全額支給される。

(2) 支給停止の対象となる年金

支給停止の対象となるのは、60歳～64歳で受け取る特別支給の老齢厚生年金（報酬比例部分と定額部分）と65歳から受け取る老齢厚生年金であるため、老齢基礎年金、経過的加算額は全額支給される。

なお、複数の厚生年金被保険者期間を有する者が受け取る老齢厚生年金については、それぞれの厚生年金被保険者期間の年金額の合計が支給停止の対象となる。

(3) 3つのステージ

在職老齢年金は、年齢によって3つのステージに分かれている。従来、第1ステージと第2・3ステージの計算方法は異なっていたが、2022年4月以降、すべてのステージにおいて同一の計算方法となった。

第1ステージ：60歳以上65歳未満（60歳台前半）の在職老齢年金
第2ステージ：65歳以上70歳未満（60歳台後半）の在職老齢年金
第3ステージ：70歳以上の在職老齢年金

■在職老齢年金

第6章 老齢給付

2 60歳台前半の在職老齢年金

支給停止の対象となるのは、報酬比例部分と定額部分である。2024年度において、**総報酬月額相当額と基本月額の合計が50万円以下であれば、支給停止はされない。**合計額が50万円を超えるときは、**50万円を超える額の２分の１**が支給停止になる。計算式にある50万円を支給停止調整額という。

(1) 総報酬月額相当額

標準報酬月額とその月以前１年間の**標準賞与額**の総額を12で割った額との合計額である。つまり、１カ月分の給与収入である。

総報酬月額相当額＝標準報酬月額＋(その月以前１年間の標準賞与額の合計額÷12)

(2) 基本月額

老齢厚生年金（加給年金額を除く）を12で割った額である。つまり、１カ月分の年金額である。

基本月額＝老齢厚生年金額（加給年金額を除く)÷12

(3) 支給停止基準額

支給停止される年金額のことを支給停止基準額という。１カ月分の支給停止基準額が基本月額を超える場合、年金が全額支給停止となる。

$$支給停止基準額＝(総報酬月額相当額＋基本月額－50万円)\times\frac{1}{2}\times 12月$$

(4) 加給年金額の取扱い

加給年金額は、本体部分の年金が一部でも支給されれば全額支給となり、本体部分の年金が全額支給停止となれば、加給年金額も支給停止となる。

3 60歳台後半の在職老齢年金

支給停止される年金額の計算方法は、60歳台前半の在職老齢年金と同じである。

支給停止の対象となるのは、老齢厚生年金である。**老齢基礎年金や経過的加算は全額支給**される。加給年金額の取扱いについては、60歳台前半と同様である。

4 70歳以上の在職老齢年金

支給停止される年金額の計算方法は、60歳台前半の在職老齢年金と同じである。

70歳以上の者は、厚生年金保険の被保険者ではないので、**保険料の負担はない**。**老齢基礎年金や経過的加算は全額支給**される。加給年金額の取扱いについては、60歳台前半と同様である。

5 繰下げ支給との関係

繰下げ支給の増額の対象となる年金額は、在職老齢年金の支給調整後の年金額となる。つまり、**支給停止された年金額は繰下げ支給の対象にならない**。

具体的には、次の算式で得た額が繰下げにより加算される。

繰下げ加算額
＝在職老齢年金で支給される年金額×平均支給率（A）×0.7％×繰り下げた月数（増額率）

$$A=\frac{\text{各月の支給率（B）の合計}}{\text{繰下げ待機期間}}$$

$$B=1-\frac{\text{支給停止基準額}}{\text{受給権取得時の報酬比例部分の額}}$$

6 雇用保険との調整

60歳台前半の者が基本手当を受けられる間は、**特別支給の老齢厚生年金は全額支給停止となる**。

在職老齢年金を受給しながら働いている者が、高年齢雇用継続給付を受給する場合は、**在職老齢年金の仕組みによる支給停止額に加えて、年金の全部または一部が支給停止になる**。高年齢雇用継続給付はそのまま受け取る。例えば、標準報酬月額が60歳到達時賃金月額の61％未満の場合には、**標準報酬月額の６％**（2025年４月から４％に引下げ予定）の年金額が支給停止となる。

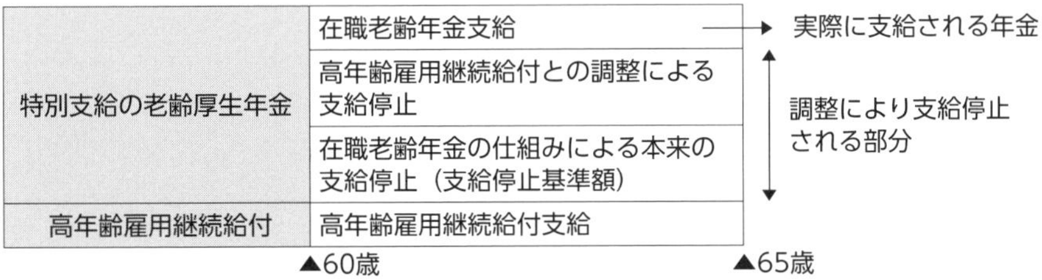

特別支給の老齢厚生年金	在職老齢年金支給	→ 実際に支給される年金
	高年齢雇用継続給付との調整による支給停止	調整により支給停止される部分
	在職老齢年金の仕組みによる本来の支給停止（支給停止基準額）	
高年齢雇用継続給付	高年齢雇用継続給付支給	
	▲60歳	▲65歳

第6章 老齢給付

■2025年３月まで

60歳時との賃金割合	高年齢雇用継続給付の支給率	在職老齢年金の支給停止率
75%以上（75%未満から支給）	0%	0%
70%の場合	4.67%	1.87%
65%の場合	10.05%	4.02%
61%未満	15.00%	6.00%

7 年金額の改定

70歳未満の厚生年金保険の被保険者には、次の年金額の改定制度が適用される。

（1）在職定時改定

2022年４月以降、年金を受給しながら被保険者として働いている65歳以上の者について、年金受給開始後の被保険者期間（在職中の期間）を反映させ、年金額が再計算されることとなった。これを在職定時改定という。年金額は毎年10月に改定される。

（2）退職改定

年金を受給しながら被保険者として働いていた者が退職して１カ月経過したときは、年金額に反映されていなかった退職前の被保険者期間（在職中の期間）を反映させ、年金額を再計算する。これを退職改定という。

（3）総報酬月額相当額の変更による改定

在職老齢年金の支給を受けている場合において、総報酬月額相当額が変更されたときは、その総報酬月額相当額が変更された月に年金額も改定される。例えば、定時決定により標準報酬月額の等級が上がった場合、９月に標準報酬月額および総報酬月額相当額が変更されるため、在職老齢年金の年金額も９月に改定される。

POINT!

- 働きながら受け取る年金のことを、在職老齢年金といい、老齢厚生年金の全部または一部が支給停止になることがある。
- 在職老齢年金は、総報酬月額相当額と基本月額の合計が50万円以下（2024年度）であれば、支給停止はされない。
- 在職老齢年金と高年齢雇用継続給付を同時に受けられる場合には、在職老齢年金は本来の支給停止に加え、さらに最高で標準報酬月額の６％が支給停止となる。

チェックテスト

(1) 受給資格期間が10年以上ある人が、65歳に達したときに老齢基礎年金を受給することができる。

(2) 2024年度において、繰上げ支給による減額率は、繰上げ１カ月当たり0.7%である。

(3) 2024年度において、繰下げ支給による増額率は、繰下げ１カ月当たり0.5%である。

(4) 特別支給の老齢厚生年金を受給するためには、１年以上の厚生年金保険の被保険者期間を有していることが必要である。

(5) 特別支給の老齢厚生年金の支給開始年齢は生年月日によって異なるが、厚生年金保険の場合は、女性は男性よりも５年遅れで支給開始の引上げが行われる。

(6) 65歳以上の老齢厚生年金を受給するためには、１年以上の厚生年金保険の被保険者期間を有していることが必要である。

(7) 老齢厚生年金の繰下げは、老齢基礎年金を繰り下げずに老齢厚生年金だけを繰り下げることができる。

(8) 老齢厚生年金の繰上げは、老齢基礎年金を繰り上げずに老齢厚生年金だけを繰り上げることができる。

(9) 2024年度において、在職老齢年金は、総報酬月額相当額と基本月額の合計が50万円以下であれば、支給停止されない。

解答

(1) ○　(2) ×　(3) ×　(4) ○　(5) ○
(6) ×　(7) ○　(8) ×　(9) ○

第7章

障害給付

過去の出題状況	2022.5	2022.9	2023.1	2023.5	2023.9	2024.1
障害給付の概要	☆					☆
障害基礎年金	☆		☆			☆
障害厚生年金			☆			☆

1. 障害給付の概要

障害給付の全体像を理解する。

2. 障害基礎年金

障害基礎年金の受給要件、金額などを学ぶ。

3. 障害厚生年金

障害厚生年金の受給要件、金額などを学ぶ。

1 障害給付の概要

病気やケガをして障害の状態になった場合に、国民年金から支給されるものとしては**障害基礎年金**、厚生年金保険から支給されるものとしては**障害厚生年金**、**障害手当金**がある。

1 障害給付の種類

障害基礎年金は、障害の程度に応じ、重いほうから**1級**、**2級**となっている。一方、障害厚生年金には、さらに**3級**がある。また、障害の程度が年金と比べて軽いときに一時金として支給される障害手当金がある。

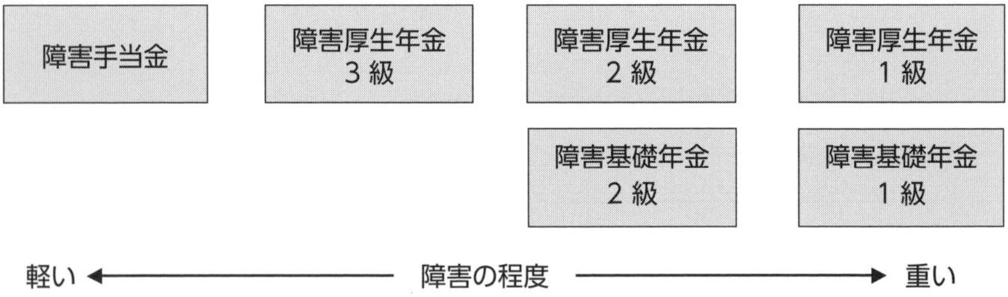

障害手当金	障害厚生年金 3級	障害厚生年金 2級	障害厚生年金 1級
		障害基礎年金 2級	障害基礎年金 1級

軽い ←―――― 障害の程度 ――――→ 重い

2 初診日

障害の原因となった病気やケガで初めて医師の診療を受けた日のことをいう。

3 障害認定日

障害の程度を認定する日のことである。初診日から起算して**1年6カ月**を経過した日、または**1年6カ月**以内に治った場合にはその治った日、とされている。

4 治った日

治った日とは、病状が固定し治療の効果が期待できない状態に至った日も含む。

5 保険料納付要件

初診日の前日において、次のいずれかの保険料納付要件を満たすことが必要である。

原則	国民年金の保険料納付済期間と保険料免除期間の合計が、初診日のある月の前々月までの保険料を納付しなければならない期間の３分の２以上あること。
特例	初診日が2026年４月１日前の場合は、初診日に65歳未満であれば、初診日のある月の前々月までの１年間に保険料の滞納がないこと。

POINT!

障害基礎年金には１級と２級があり、障害厚生年金には３級まである。さらに３級より軽い障害手当金もある。

2 障害基礎年金

1 受給要件

国民年金から支給される障害基礎年金の受給要件は、次のとおりである。

① 国民年金の被保険者期間中に初診日があること。または、被保険者の資格を失った後でも60歳以上65歳未満で日本国内に住んでいる間に初診日があること。
② 障害認定日において、障害等級１級または２級に該当する障害の状態にあること。ただし、障害認定日に障害等級に該当しない場合、65歳に達するまでの期間において、その傷病が重症化し、障害等級に該当したときは、その時点から要件を満たす。
③ 保険料納付要件を満たしていること。

2 障害基礎年金の額（新規裁定者）

障害基礎年金の額（2024年度）は次のとおりである。１級は２級の1.25倍である。

１級	1,020,000円＋子の加算
２級	816,000円＋子の加算

3 子の加算額

障害基礎年金の受給権を得たときに、生計維持関係にある子がいる場合には、**子の加算額が加算**される。なお、受給権を得た後に生計維持関係ができた場合でも加算される。

１人目の子・２人目の子（１人につき）	234,800円
３人目以降（１人につき）	78,300円

4 20歳前に初診日がある場合

20歳前に初診日があって、①障害認定日以後に20歳に達した場合は20歳に達した日に、または②20歳に達した日後に障害認定日がある場合は障害認定日に、障害等級１級または２級に該当する障害の状態にあれば、障害基礎年金が支給される（保険料納付要件は不要）。ただし、本人の前年の所得によっては、その年の10月から翌年の９月までの１年間は、年金の**全額**または**２分の１**が支給停止される。

POINT!

障害基礎年金には子の加算がつく。

3 障害厚生年金

1 受給要件

厚生年金保険から支給される障害厚生年金の受給要件は、次のとおりである。

① 厚生年金保険の被保険者期間中に初診日があること。
② 障害認定日において、障害等級１級、２級または３級に該当する障害の状態にあること。ただし、障害認定日に障害等級に該当しない場合、65歳に達するまでの期間において、その傷病が重症化し、障害等級に該当したときは、その時点から要件を満たす。なお、障害認定日においては厚生年金保険の被保険者でなくてもよい。
③ 保険料納付要件を満たしていること。

なお、障害手当金の受給要件は、上記②が「初診日から起算して５年を経過する日までの間に傷病が治り、かつ、一定の障害の状態にあること」に代わる。

2 障害厚生年金の額

障害厚生年金の額は、老齢厚生年金の報酬比例部分の金額が基準となる。２級と３級はこの金額になり、１級はその1.25倍になる。**被保険者期間の月数が300月に満たない場合には300月として計算する**。なお、年金額の計算において、当該障害厚生年金の支給事由となった障害に係る障害認定日の属する月後における被保険者であった期間は対象外である。

１級と２級には配偶者の加給年金額が加算され、３級には最低保障額（障害等級２級の**障害基礎年金**（子の加算額を除く）の４分の３相当額）がある。また、障害手当金の最低保障額は障害厚生年金の最低保障額の２倍相当額である。

１級	報酬比例部分相当額×1.25	＋配偶者加給年金額
２級	報酬比例部分相当額	
３級	報酬比例部分相当額（最低保障額あり）	—
障害手当金（一時金）	報酬比例部分相当額×２（最低保障額あり）	—

3 配偶者の加給年金額

１級、２級の障害厚生年金の受給権者に、受給権者によって生計を維持している配偶者がいる場合には、**配偶者加給年金額が加算**される。なお、受給権が発生した後に婚姻等により要件を満たす場合にも加算される。配偶者加給年金額は、234,800円（2024年度）であるが、老齢厚生年金のような特別加算額はない。

加給年金額の対象となる配偶者自身が**被保険者期間20年以上**の老齢厚生年金、障害を支給事由とする公的年金給付等を受けている場合、加給年金額は支給停止となる。さらに、2022年４月以降、配偶者が実際に年金の支給を受けていなくても、受給権を有する場合（在職により支給停止となっている場合等）は、加給年金額は支給停止となる。ただし、2022年３月時点において、①本人の老齢厚生年金または障害厚生年金に加給年金額が支給されており、かつ、②配偶者が受給権を有する被保険者期間20年以上の老齢厚生年金等の全額が支給停止されている場合は、2022年４月以降も引き続き加給年金額が支給される経過措置がある。

POINT!

障害厚生年金１級、２級には、配偶者加給年金額が加算される。

チェックテスト

(1) 障害基礎年金には１級と２級があり、障害厚生年金にはさらに３級がある。

(2) 障害認定日とは、初診日から起算して１年を経過した日、または１年以内に治った場合にはその治った日、とされている。

(3) 障害基礎年金、障害厚生年金を受けるためには、初診日において、保険料納付要件を満たすことが必要である。

(4) 保険料納付要件の原則は、国民年金の保険料納付済期間と保険料免除期間の合計が、初診日のある月の前々月までの保険料を納付しなければならない期間の３分の２以上あること、である。

(5) 障害基礎年金２級の年金額は816,000円（2024年度、新規裁定者）である。

(6) 障害基礎年金１級の年金額は、２級の２倍である。

(7) 障害基礎年金には、配偶者加給年金額が加算される。

(8) 障害厚生年金１級、２級、３級には配偶者加給年金額が加算される。

(9) 障害厚生年金の額は、老齢厚生年金の報酬比例部分の年金額が基準となる。

(10) 障害厚生年金は、被保険者期間の月数が300月に満たない場合には300月として計算する。

解答

(1) ○　(2) ×　(3) ×　(4) ○　(5) ○
(6) ×　(7) ×　(8) ×　(9) ○　(10) ○

第8章
遺族給付

過去の出題状況	2022.5	2022.9	2023.1	2023.5	2023.9	2024.1
遺族基礎年金	☆		☆			
遺族厚生年金	☆		☆			
寡婦年金	☆				☆	
死亡一時金	☆				☆	

1. 遺族基礎年金

遺族基礎年金の受給要件、遺族の範囲、金額などを学ぶ。

2. 遺族厚生年金

遺族厚生年金の受給要件、遺族の範囲、金額などを学ぶ。

3. 寡婦年金

寡婦年金の受給要件、金額などを学ぶ。

4. 死亡一時金

死亡一時金の受給要件、金額などを学ぶ。

1 遺族基礎年金

1 受給要件

遺族基礎年金は、次のいずれかの者が死亡した場合に、その遺族に支給される。

① 国民年金の被保険者が死亡したとき
② 国民年金の被保険者の資格を失った後でも、60歳以上65歳未満で日本国内に住んでいる者が死亡したとき
③ 老齢基礎年金の受給権者（受給資格期間が25年以上ある者に限る）が死亡したとき
④ 老齢基礎年金の受給資格期間が25年以上ある者が死亡したとき

①と②の場合、死亡した人が保険料納付要件を満たしていなければならない。

2 保険料納付要件

保険料納付要件は、死亡日の前日において次のいずれかを満たすことが必要である。

原則	国民年金の保険料納付済期間と保険料免除期間の合計が、死亡日の前々月までの保険料を納付しなければならない期間の３分の２以上あること。
特例	死亡日が2026年４月１日前の場合は、死亡日に65歳未満であれば、死亡日の月の前々月までの１年間に保険料の滞納がないこと。

3 遺族の範囲

遺族基礎年金を受けられる遺族は、子または子のある配偶者であり、死亡の当時、死亡した者との間に生計維持関係があることが必要である。なお、生計維持関係は、収入が年額850万円以上または所得が年額655.5万円以上であるときは、認められない。

配偶者に遺族基礎年金の受給権があるときは、子に対する遺族基礎年金は支給停止となる。

配偶者	婚姻の届け出をしていない事実婚関係にある配偶者も該当する。
子	18歳到達年度末日までにあるか、20歳未満で１級、２級の障害状態にある、未婚の子をいう。養子や死亡のとき胎児だった子も含む。ただし、胎児は出生のときに遺族となる。

4 遺族基礎年金の額（新規裁定者）

遺族基礎年金の金額は、子の数に応じて決まる。

■子のある配偶者に支給される遺族基礎年金の額

配偶者の分として816,000円が基本となり、生計を同じくする子の数に応じた加算が行われる。具体的には、子２人目までは各234,800円、３人目以降は各78,300円が加算される。

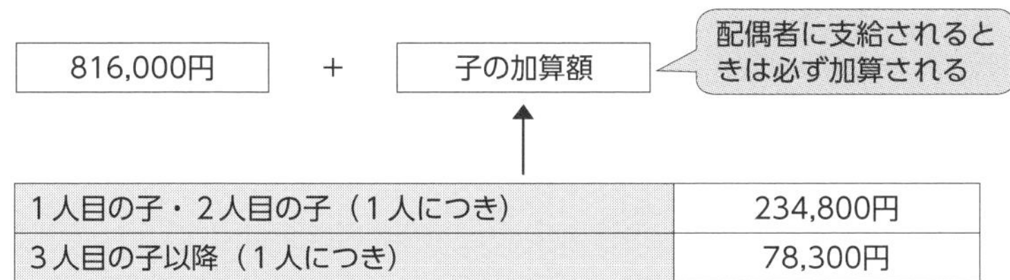

1人目の子・2人目の子（1人につき）	234,800円
3人目の子以降（1人につき）	78,300円

■子に支給される遺族基礎年金の額

子が１人のときは816,000円が基本となり、受給権者となる子の数に応じた額を加算した額を、子の数で割った額となる。

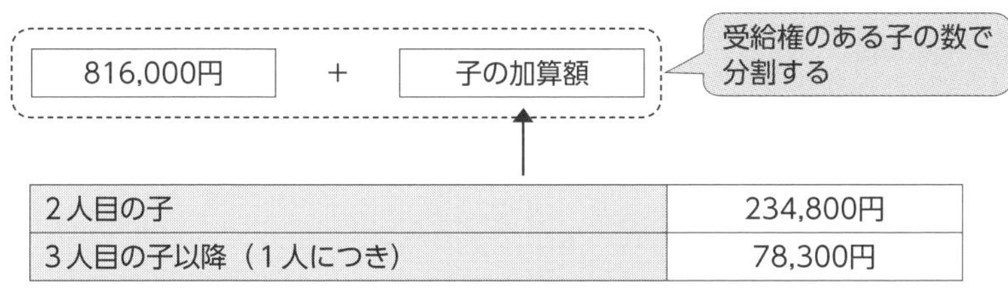

2人目の子	234,800円
3人目の子以降（1人につき）	78,300円

POINT!

遺族基礎年金は子のない配偶者には支給されない。

2 遺族厚生年金

1 受給要件

遺族厚生年金は、次のいずれかの者が死亡した場合に、その遺族に支給される。短期要件と長期要件では、年金額の計算や中高齢寡婦加算などで取り扱いが異なる。短期要件と長期要件のいずれにも該当する場合には、年金請求時に遺族が特に申し出ない限り、短期要件に該当したものとして取り扱われる。

短期要件	① 厚生年金保険の被保険者が死亡したとき ② 厚生年金保険の被保険者資格喪失後、被保険者期間中に初診日のある傷病で、初診日から５年以内に死亡したとき ③ １級または２級の障害厚生年金の受給権者が死亡したとき
長期要件	④ 老齢厚生年金の受給権者（受給資格期間が25年以上ある者に限る）が死亡したとき、または老齢厚生年金の受給資格期間が25年以上ある者が死亡したとき

（注）①と②の場合、死亡した者が保険料納付要件を満たしていなければならない。

2 遺族の範囲

遺族厚生年金を受けられる遺族は、死亡の当時、死亡した者によって生計を維持されていた配偶者、子、父母、孫、祖父母である。しかし、これらの者に同時に遺族厚生年金が支給されるわけではない。受給権の順位が定められており、最高順位の者が受給権を得ることができる。また、先順位者の者が受給権を失った場合でも、次順位の者は受給権を取得（転給）できない。

妻	年齢の要件はない。 ただし、子のない30歳未満の妻の場合には５年間の有期年金になる。
夫、父母、祖父母	死亡の当時、55歳以上であること。 ただし、60歳に達するまでは支給停止。※
子、孫	18歳到達年度末日までにあるか、20歳未満で１級、２級の障害状態にある、未婚の子をいう。

※　夫は、遺族基礎年金を受給中の場合に限り、遺族厚生年金も合わせて受給できる。

（注）生計維持関係は、収入が年額850万円以上または所得が年額655.5万円以上であるときは、認められない。

3 遺族厚生年金の額

遺族厚生年金の金額は、報酬比例部分の年金額の４分の３相当額である。

なお、遺族厚生年金を受けられる遺族が複数いる場合、それぞれに支給される遺族厚生年金の額は、受給権者の数で除して得た額となる。

遺族厚生年金の額 ＝（①＋②）× $\frac{3}{4}$

① 総報酬制導入前の期間分 ＝ 平均標準報酬月額[※1] × $\frac{乗率}{1,000}$ × 被保険者期間の月数

② 総報酬制導入後の期間分 ＝ 平均標準報酬額[※2] × $\frac{乗率}{1,000}$ × 被保険者期間の月数

※１　総報酬制導入前の被保険者期間における月収の平均額（該当年度の再評価率を使用）

※２　総報酬制導入後の被保険者期間における賞与も含めた平均月収の額（該当年度の再評価率を使用）

（注）乗率については、本来水準で計算する場合は新乗率を使用する。また、従前額保障で計算する場合は、旧乗率を使用するとともに、さらに従前額改定率を乗じて計算する。

(1) 被保険者期間の月数

短期要件では、加入月数が300月（25年）に満たない場合は、被保険者期間の月数を300月として計算する。この300月みなし計算は、長期要件には適用されない。

(2) 乗率

長期要件では、死亡した者の生年月日による乗率を使って計算する。短期要件には生年月日による乗率の読み替えはない。

4 中高齢寡婦加算

遺族厚生年金の受給権のある妻で一定の要件を満たした者には、中高齢寡婦加算が支給される。金額は、年額612,000円（2024年度）である。なお、短期要件の場合は、死亡した者の被保険者期間は問われない。一方、長期要件の場合には、死亡した者の被保険者期間が20年以上なければならない。

(1) 受給権取得当時18歳到達年度末日までの子（障害者は20歳未満）がいない場合

夫の死亡当時の妻の年齢が40歳以上65歳未満であれば、妻が65歳になるまで中高

齢寡婦加算が支給される。

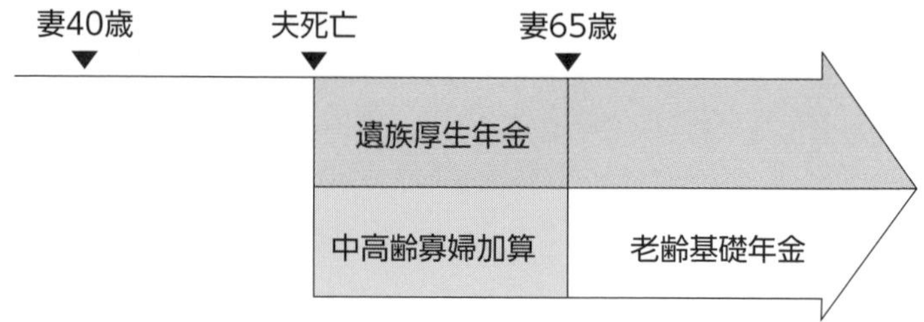

(2) 受給権取得当時18歳到達年度末日までの子(障害者は20歳未満)がいる場合

妻が40歳に達した当時遺族基礎年金を受けており、遺族基礎年金を受けられなくなったときの妻の年齢が65歳未満であれば、そのときから妻が65歳になるまで中高齢寡婦加算が支給される。

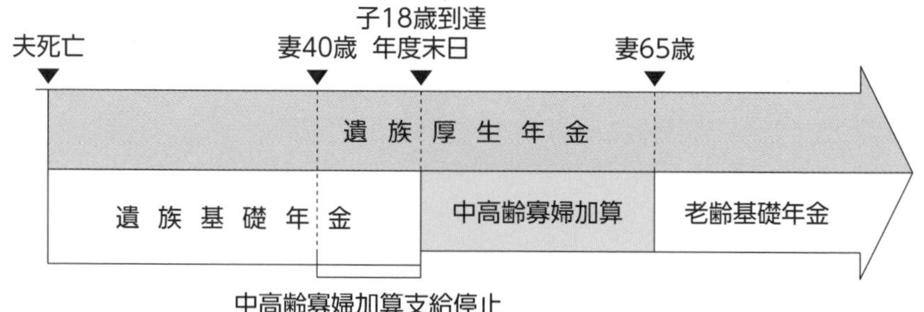

5 経過的寡婦加算

中高齢寡婦加算は、妻が65歳で打ち切られる。1956年４月１日以前に生まれた遺族厚生年金の受給権者である妻には、それ以降、**経過的寡婦加算**が支給される。金額は、妻の生年月日によって異なる。

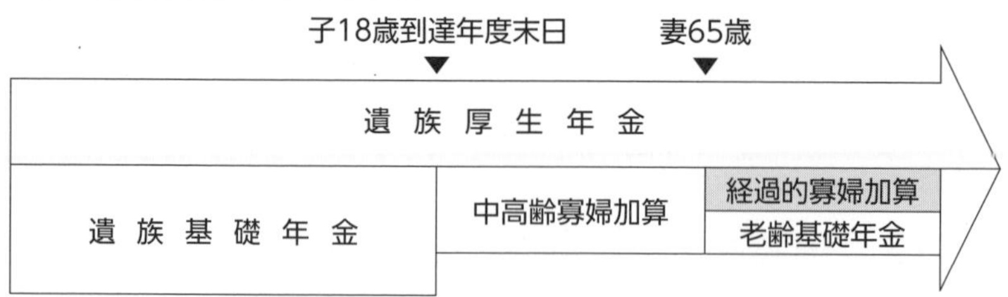

POINT!

- 遺族厚生年金の金額は、報酬比例部分の年金額の４分の３相当額である。
- 遺族厚生年金の受給権があり一定の要件を満たした40歳以上65歳未満の妻には、年額612,000円（2024年度）の中高齢寡婦加算が支給される。

3 寡婦年金

1 受給要件

寡婦年金は、第1号被保険者として保険料を納付した夫が年金を受け取らずに死亡した場合、65歳未満の妻に対して支給される年金である。

受給要件は次のとおりである。

死亡した夫の要件	① 死亡日の前日において、死亡日の属する月の前月までに、第1号被保険者としての被保険者期間について、保険料納付済期間および保険料免除期間が10年以上あること。 ② 老齢基礎年金または障害基礎年金の支給を受けたことがないこと。
妻の要件	① 夫の死亡当時、夫により生計を維持していたこと。 ② 夫との婚姻関係が10年以上継続していたこと。 ③ 65歳未満であること。

寡婦年金は、妻が自身の老齢基礎年金を繰り上げて受給している場合には支給されない。また、妻自身に特別支給の老齢厚生年金や遺族厚生年金など他の年金の受給権がある場合には、寡婦年金とこれらの年金のいずれかを**選択**する。

なお、寡婦年金の受給権は婚姻によって失権する。失権した受給権は離婚によっても復活しない。

2 支給期間

(1) 夫の死亡時に妻が60歳未満の場合

支給期間は、妻が**60歳**に達した日の属する月の翌月から、**65歳**に達する日の属する月までである。

(2) 夫の死亡時に妻が60歳以上の場合

支給期間は、夫の死亡日の属する月の翌月から、妻が**65歳**に達する日の属する月までである。

3 年金額

死亡した夫の第1号被保険者（任意加入被保険者を含む）としての被保険者期間に基づいて計算した**老齢基礎年金の額の4分の3**である。なお、死亡した夫が付加保険料を納付していても、寡婦年金に付加年金額は加算されない。

POINT!

寡婦年金の額は、死亡した夫の老齢基礎年金の額の4分の3である。

4 死亡一時金

1 受給要件

死亡一時金は、第１号被保険者として保険料を納付した者（以下「死亡者」という）が年金を受け取らずに死亡した場合、一定の遺族に対して支給される。

受給要件は次のとおりである。

死亡者の要件	① 死亡日の前日において、死亡日の属する月の前月までの第１号被保険者期間について、次の期間の月数を合算した月数が36月以上あること。 ・保険料納付済期間の月数 ・保険料４分の１免除期間の月数×$\frac{3}{4}$ ・保険料半額免除期間の月数×$\frac{1}{2}$ ・保険料４分の３免除期間の月数×$\frac{1}{4}$ ② 老齢基礎年金または障害基礎年金の支給を受けたことがないこと。
遺族の要件	① 次の順序において先順位の者 配偶者、子、父母、孫、祖父母、兄弟姉妹 ② 死亡者の死亡当時、その人と生計を同じくしていたこと。

死亡一時金は、死亡者の死亡により、**遺族基礎年金**を受けられる遺族がいるときは支給されない。また、**遺族厚生年金**を受給できる遺族は、同時に死亡一時金の支給を受けることができる。なお、寡婦年金と死亡一時金の両方を受けられる場合は、どちらか一方を選択する。

2 死亡一時金の額

死亡一時金の額は、死亡者の保険料納付済期間に応じて12万円から32万円の範囲で定められている。付加保険料の納付済期間が３年以上ある場合は、8,500円が加算される。なお、死亡一時金にはマクロ経済スライドの適用はない。

保険料納付済期間等	死亡一時金の額
36月以上180月未満	120,000円
180月以上240月未満	145,000円
240月以上300月未満	170,000円
300月以上360月未満	220,000円
360月以上420月未満	270,000円
420月以上	320,000円

POINT!

寡婦年金と死亡一時金の両方を受けられる場合は、どちらか一方を選択する。

チェックテスト

(1) 遺族基礎年金が受給できる遺族は、死亡した人に生計を維持されていた子のある妻または子に限られている。

(2) 国民年金の第1号被保険者が死亡した場合、遺族基礎年金を受給するためには、保険料納付要件を満たすことが必要である。

(3) 厚生年金保険の被保険者である妻が死亡した場合、夫に支給される遺族厚生年金は、夫が55歳になるまで支給停止される。

(4) 遺族厚生年金は、短期要件と長期要件とでは年金額の計算や中高齢寡婦加算などの取扱いが異なる。

(5) 遺族厚生年金を、子のない30歳未満の妻が受ける場合には、10年間の有期年金になる。

(6) 遺族厚生年金の金額は、報酬比例部分の年金額の3分の2である。

(7) 遺族厚生年金を短期要件で受ける場合には、加入月数が300月に満たないときは、被保険者月数を300月として計算する。

(8) 遺族厚生年金の受給権があり、一定の要件を満たした35歳以上65歳未満の妻には、中高齢寡婦加算が支給される。

(9) 第1号被保険者である夫が死亡しても遺族基礎年金が受給できない場合、妻の年齢が40歳以上65歳未満であれば、寡婦年金が支給される。

(10) 寡婦年金と死亡一時金を受けられる場合には、どちらか一方を選択する。

解答

(1) ×　(2) ○　(3) ×　(4) ○　(5) ×
(6) ×　(7) ○　(8) ×　(9) ×　(10) ○

第9章

公的年金その他の事項

過去の出題状況	2022.5	2022.9	2023.1	2023.5	2023.9	2024.1
併給調整		☆				☆
離婚時年金分割					☆	
年金生活者支援給付金	☆		☆			
請求手続き等						
公的年金等と税金			☆			

1．併給調整

65歳以降の特例を中心に学ぶ。

2．離婚時年金分割

合意分割と３号分割の違いを理解する。

3．年金生活者支援給付金

給付金の種類と受給要件を理解する。

4．請求手続き等

年金請求、受給期間、支払日、端数処理などのルールを知る。

5．公的年金等と税金

公的年金等に係る税金の知識を学ぶ。

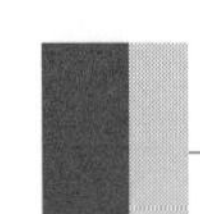

1 併給調整

1 1人1年金の原則

公的年金制度では、1人に1つの年金を支給する「1人1年金」が原則である。そのため、2つ以上の年金の受給要件を満たした場合には、どれか1つを選択し支給を受けることになる。これを併給調整という。

2 公的年金の併給調整

(1) 併給される公的年金の組合せ

	老齢厚生年金	障害厚生年金	遺族厚生年金
老齢基礎年金	○	×	65歳以降併給可
障害基礎年金	65歳以降併給可	○	65歳以降併給可
遺族基礎年金	×	×	○

(2) 老齢厚生年金と遺族厚生年金

65歳以上の者が自分自身の老齢厚生年金と遺族厚生年金を同時に受けられる場合、次のAが優先されて自分自身の老齢厚生年金が全額支給され、その額がB・Cより低い場合には、差額を遺族厚生年金として支給される。

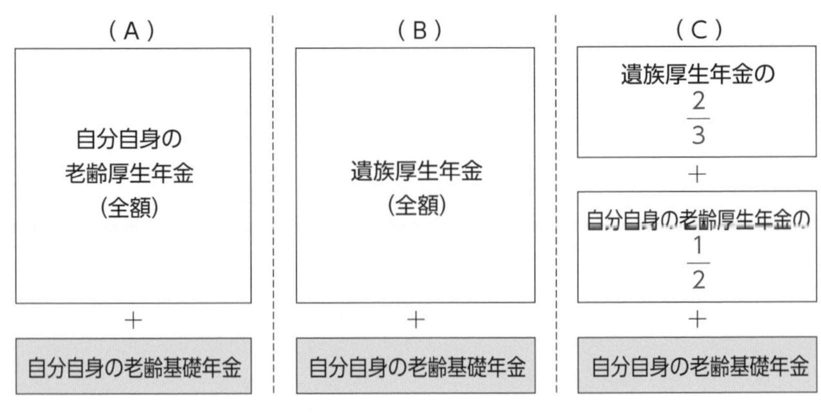

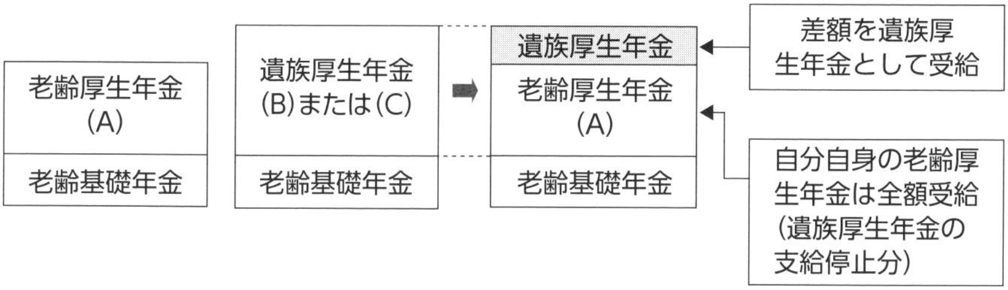

老齢厚生年金(A)	遺族厚生年金(B)または(C)	➡	遺族厚生年金 ← 差額を遺族厚生年金として受給
			老齢厚生年金(A) ← 自分自身の老齢厚生年金は全額受給(遺族厚生年金の支給停止分)
老齢基礎年金	老齢基礎年金		老齢基礎年金

3 健康保険との併給調整

傷病手当金を受けている者が、同一の疾病または負傷で障害厚生年金を受給できる場合、**傷病手当金は全額支給停止となる**。ただし、障害厚生年金の額（障害基礎年金を同時に受給できるときは合計額）を360で割った額が傷病手当金の日額より低い場合、その差額が支給される。

障害手当金が受けられる場合は、原則として、傷病手当金の額の合計額が、障害手当金の額に達する日まで**傷病手当金は支給停止となる**。

4 労災保険との併給調整

仕事中のケガなどで労災保険の給付を受けられる者が、同時に障害基礎年金や障害厚生年金も受けることができる場合、障害基礎年金、障害厚生年金は**全額支給**され、労災保険の**障害（補償）等年金**や**傷病（補償）等年金**には次の調整率が適用され減額される。ただし、厚生年金保険の**障害手当金**と労災保険の障害（補償）等給付の一時金のいずれも支給要件を満たしている場合、**障害手当金のほうが支給されない**。

支給される公的年金 ＼ 減額される労災給付	障害基礎年金および障害厚生年金	障害基礎年金	障害厚生年金
障害（補償）等年金	0.73	0.88	0.83
傷病（補償）等年金 休業（補償）等給付			0.88

また、遺族基礎年金、**遺族厚生年金**、寡婦年金が受けられる場合、**労災保険**には次の調整率が適用され減額される。

支給される公的年金 ＼ 減額される労災給付	遺族基礎年金または寡婦年金および遺族厚生年金	遺族基礎年金または寡婦年金	遺族厚生年金
遺族補償年金	0.80	0.88	0.84

5 雇用保険と老齢厚生年金との併給調整

(1) 基本手当との併給調整

60歳台前半の者が基本手当を受けられる間は、特別支給の老齢厚生年金は全額支給停止となる。

(2) 高年齢雇用継続給付との調整

高年齢雇用継続給付を受給する場合には、在職老齢年金は本来の支給停止に加え、さらに標準報酬月額の最高６％（2025年４月から４％に引下げ予定）が支給停止となる。

6 労働基準法との併給調整

労働基準法による補償が受けられる場合、年金等給付と併給調整が行われる。

年金等給付	調整内容
障害基礎年金・障害厚生年金	労働基準法による障害補償を受けることができるときは、６年間、年金給付が支給停止される。
障害手当金	労働基準法による障害補償を受けることができるときは、障害手当金が支給されない。
遺族基礎年金・遺族厚生年金・寡婦年金	労働基準法による遺族補償を受けることができるときは、６年間、年金給付が支給停止される。

POINT!

65歳以上の者が遺族厚生年金と自分自身の老齢厚生年金を同時に受けられる場合、老齢厚生年金が優先的に支給される。

2 離婚時年金分割

1 離婚時年金分割の概要

離婚時年金分割とは、離婚した場合に厚生年金保険の標準報酬（保険料納付記録）を当事者（夫婦）間で分割することができる制度のことである。2007年４月１日から実施された「**合意分割制度**」と、2008年４月１日から実施された「**３号分割制度**」の２つがある。原則として、離婚をした日の翌日から起算して**２年以内**に限り請求できる。

(1) 標準報酬（保険料納付記録）

標準報酬（保険料納付記録）とは、老齢厚生年金の報酬比例部分を計算するときの基準となる標準報酬月額・標準賞与額である。つまり、分割の対象となるのは報酬比例部分であり、定額部分や**老齢基礎年金は分割の対象にはならない**。

(2) 第１号改定者・第２号改定者

標準報酬総額の多い側のことを第１号改定者、少ない側のことを第２号改定者という。

2 合意分割制度

2007年４月１日以後の離婚について、当事者からの請求により、厚生年金保険の標準報酬を当事者間で分割できる制度である。分割される標準報酬は、**婚姻期間中（2007年４月前の期間も対象）の当事者間の厚生年金保険の標準報酬**に限られる。**分割割合は当事者の合意により任意**であるが、合意が成立しない場合は、裁判手続きで分割割合を決めることができる。なお、分割割合の上限は２分の１である。

3 3号分割制度

2008年5月以後の離婚について、国民年金の第3号被保険者であった者からの請求により、厚生年金保険の標準報酬を当事者間で分割できる制度である。分割される標準報酬は、2008年4月1日以後の国民年金の第3号被保険者期間中の相手方の厚生年金保険の標準報酬に限られる。分割割合は2分の1に固定されている。

■離婚時年金分割のまとめ

	合意分割制度	3号分割制度
制度の実施時期	2007年4月1日	2008年4月1日
分割対象となる離婚	2007年4月1日以後の離婚	2008年5月1日以後の離婚
分割対象	婚姻期間中の厚生年金保険の標準報酬	婚姻期間のうち、2008年4月1日以後の、当事者の一方が第3号被保険者期間中の相手方の厚生年金保険の標準報酬
分割方法	婚姻期間中の厚生年金保険の標準報酬が多い人から少ない人に対して標準報酬を分割	第3号被保険者期間中に厚生年金保険の被保険者であった人から第3号被保険者であった人に対して標準報酬を分割
分割割合	当事者の合意または裁判手続きにより定められた按分割合（上限2分の1）	2分の1の割合（固定）
手続方法	当事者の一方による請求	被扶養配偶者として第3号被保険者であった人による請求

※　離婚の相手方から分割を受けた標準報酬に係る期間は、分割を受けた者の老齢厚生年金の受給資格期間に算入されない。したがって、自ら受給資格期間を満たさない限り、分割後の年金額による老齢厚生年金を受給することができない。

※　老齢厚生年金の受給権者について、分割の請求により標準報酬の改定または決定が行われたときは、当該標準報酬改定請求のあった日の属する月の翌月から、年金額が改定される。

※　合意分割の請求をした場合において、その期間内に3号分割が行われていない期間が含まれているときは、合意分割の請求をしたときに3号分割の請求があったものとみなされる。

POINT!

- **分割の対象となるのは報酬比例部分であり、定額部分や老齢基礎年金は分割の対象にはならない。**
- **合意分割制度は2007年4月1日前の期間についても分割対象になり、分割割合は任意である。3号分割制度は2008年4月1日以後の期間だけが分割対象であり、分割割合は2分の1に固定されている。**

3 年金生活者支援給付金

消費税率が10％となった2019年10月１日から施行されている年金生活者支援給付金は、消費税率の引上げ分を活用して、年金を含めた所得が低い人の生活を支援するために、年金に上乗せして支給されるものである。給付金は**老齢（補足的老齢）年金生活者支援給付金**、**障害年金生活者支援給付金**および**遺族年金生活者支援給付金**の３種類ある。

1 老齢（補足的老齢）年金生活者支援給付金

(1) 受給要件

受給するためには、次の要件をすべて満たす必要がある。

① **老齢基礎年金**を受給している**65歳**以上の者であること。
② 請求者の世帯全員が市町村民税非課税であること。
③ 前年の年金収入額とその他の所得額の合計が878,900円以下であること。

(2) 給付金額

老齢年金生活者支援給付金の額は、次の①と②の合計額である。ただし、当該給付金の支給により所得の逆転が生じないようにするため、前年の年金収入額と所得額の合計が778,900円超878,900円以下である者には、①に一定割合を乗じた補足的老齢年金生活者支援給付金が支給される。保険料納付済期間のほか、前年の年金収入額とその他の所得額の合計によっても給付額が変わる。

① 保険料納付済期間に基づく額（月額）$= 5{,}310\text{円} \times \dfrac{\text{保険料納付済期間}}{480\text{月}}$

② 保険料免除期間に基づく額（月額）$= 11{,}333\text{円}^{※} \times \dfrac{\text{保険料免除期間}}{480\text{月}}$

※　1956年４月２日以後生まれの者は、保険料全額免除、３／４免除、半額免除期間については11,333円（老齢基礎年金満額（月額）の１／６）、保険料１／４免除期間については5,666円（老齢基礎年金満額（月額）の１／12）となる。1956年４月１日以前生まれの者は、保険料全額免除、３／４免除、半額免除期間については11,301円（老齢基礎年金満額（月額）の１／６）、保険料１／４免除期間については5,650円（老齢基礎年金満額（月額）の１／12）となる。

2 障害年金生活者支援給付金

(1) 受給要件

受給するためには、次の要件をすべて満たす必要がある。

① **障害基礎年金**を受給している者であること。
② 前年の所得額が「4,721,000円＋扶養親族の数×38万円※」以下であること。

※ 同一生計配偶者のうち70歳以上の者または老人扶養親族の場合は48万円、特定扶養親族または16歳以上19歳未満の扶養親族の場合は63万円。

(2) 給付金額

障害等級が２級の場合、月額5,310円であり、１級の場合、月額6,638円である。

3 遺族年金生活者支援給付金

(1) 受給要件

受給するためには、次の要件をすべて満たす必要がある。

① **遺族基礎年金**を受給している者であること。
② 前年の所得額が「4,721,000円＋扶養親族の数×38万円※」以下であること。

※ 同一生計配偶者のうち70歳以上の者または老人扶養親族の場合は48万円、特定扶養親族または16歳以上19歳未満の扶養親族の場合は63万円。

(2) 給付金額

月額5,310円。ただし、２人以上の子が遺族基礎年金を受給している場合は、5,140円を子の数で割った金額がそれぞれに支払われる。

4 各給付金の共通事項

① 次のいずれかの事由に該当した場合は、受給できない。
・日本国内に住所がないとき
・年金が**全額支給停止**のとき
・刑事施設などに拘禁されているとき
② 世帯員が複数いる場合でも、支給要件を満たしていれば**各人が受給**できる。
③ 原則として、毎年２月、４月、６月、８月、10月、12月の偶数月に、前２カ月分が支払われる。
④ 各給付金は**非課税**。

4 請求手続き等

1 裁定請求

年金は、受給権が発生しても自動的に支払いが行われるわけではない。自分で請求することが必要である。これを**裁定請求**という。

(1) 老齢給付の裁定請求

老齢給付の裁定請求は年金請求書の提出によって行うが、その手続き場所は、加入していた年金の種類によって異なる。

加入していた年金の種類		手続き場所
国民年金だけの場合		住所地の市区町村役場 ただし、第３号被保険者期間が少しでもある者は、住所地を管轄する年金事務所
厚生年金保険だけの場合		最後に勤めていた会社を管轄する年金事務所
国民年金と厚生年金保険の場合	最後が国民年金	住所地を管轄する年金事務所
	最後が厚生年金保険	会社を管轄する年金事務所

(注) 国家公務員および地方公務員等の共済組合連合会等の組合員は、各共済組合連合会に裁定請求手続を行う。

(2) 老齢給付の裁定請求の注意点

老齢給付の裁定請求をする場合は、次の点に注意する必要がある。

① 特別支給の老齢厚生年金の年金請求書は、支給開始年齢に到達する**3カ月前**に送付される。ただし、請求手続を行うことができるのは**支給開始年齢になってから**である。

② 老齢基礎年金の繰上げ支給を受けるために年金請求書および所定の支給繰上げ請求書を提出した場合、受給権は**請求書が受理された日**に発生する。受給権発生後は請求の取消し・変更はできない。

③ 特別支給の老齢厚生年金を受給している者でも、65歳から老齢基礎年金および老齢厚生年金を受給するときは、年金請求書の提出が**必要**である。提出期限は65歳到達月の末日。

④ 65歳到達時に受給権が発生した老齢給付について

- 老齢基礎年金および老齢厚生年金の**両方**を繰り下げる場合、年金請求書の提出は**不要**。
- **どちらか一方のみ**を繰り下げる場合、その旨を年金請求書の所定の欄に記載の上、**提出**する必要がある。
- 繰り下げた年金の**受給を開始**するためには、「老齢基礎年金・老齢厚生年金支給繰下げ請求書」を提出しなければならない。

⑤ 厚生年金基金に加入している場合には、厚生年金基金へも請求する必要がある。

2 年金の受給期間

年金の受給期間は、原則として受給権の発生日の翌月から、受給権が消滅した日の属する月までである。

3 年金の支払日

年金の支払いは、原則として毎年２月、４月、６月、８月、10月、12月の偶数月に行われる。それぞれ前２カ月分が15日に支払われる。つまり、１回当たりの支払金額は、年金決定通知書等に記載されている支払年金額の６分の１である。

<table>
<tr><td rowspan="2">保険料</td><td>資格取得の当月～資格喪失日の前月まで</td></tr>
<tr><td>取得 ⇒ ４月１日加入の場合、保険料支払いは４月からになる。
喪失 ⇒ 例えば、会社員が５月31日に退職する場合、資格喪失日は退職日の翌日の６月１日となり、保険料は喪失日の前月までなので、５月まで支払うことになる。仮に５月30日の退職の場合は、喪失日が５月31日で保険料は４月分まで支払う。</td></tr>
<tr><td rowspan="2">年金の支給</td><td>受給資格取得日の翌月から資格喪失日の属する月まで</td></tr>
<tr><td>60歳の誕生日が４月５日の場合、受給権取得日は60歳に到達する日（誕生日の前日）なので４月４日であり、この４月４日から年金の裁定請求ができる。４月末までに裁定請求した場合は５月分より年金が支給対象となり、死亡した日の属する月まで支給される。実際に５月分が支給されるのは６月15日となる。</td></tr>
</table>

4 年金額の端数処理の仕方

国民年金・厚生年金保険では、年金給付の額を50銭未満の端数は切り捨て、50銭以上１円未満は１円に切り上げる。つまり、受給権が発生したり、年金額が改定されたりするときは１円単位の端数処理となる。

5 ねんきん定期便

ねんきん定期便は、2009年４月から実施されている。

(1) 対象者

国民年金、厚生年金保険の被保険者に送付される。

(2) 送付時期

毎年誕生月に送付される。

(3) 様式と記載内容

内容は、節目年齢である35歳、45歳、59歳とそれ以外で異なる。節目年齢の場合は封書で、節目年齢以外にはハガキで送付される。また、50歳未満と50歳以上でも異なる。

6 ねんきんネット

2011年２月から日本年金機構のホームページ上で、ねんきんネットのサービスが開始された。IDとパスワードがあれば、いつでもインターネットで自分の年金記録などが確認できる。なお、ユーザーID発行のために必要なアクセスキーは、ねんきん定期便に記載されている。

POINT!

- 年金は、裁定請求を行うことによって支払われる。
- 年金は、偶数月の15日に前２カ月分が支払われる。
- 年金額を計算するときは、50銭未満の端数は切り捨て、50銭以上１円未満の端数は切り上げて計算する。

5 公的年金等と税金

老齢および退職を支給事由とする公的年金は、原則として**雑所得**として所得税・住民税の課税の対象になる。なお、障害年金や遺族年金は**非課税**となっている。

1 雑所得と一時所得

雑所得として課税対象となるものには、老齢基礎年金や老齢厚生年金のほかに、確定給付企業年金や確定拠出年金からの年金給付等もある。なお、70歳以後に５年分の老齢年金を一括受給した場合、**各年分の雑所得**として総合課税の対象となる。

老齢基礎年金および老齢厚生年金の受給権者が死亡し、その者に支給すべき年金給付で死亡後に支給期の到来する年金（**未支給年金**）を相続人は受け取ることができるが、未支給年金は相続人固有の権利として請求するものであるため、相続人の一時所得に該当する。

2 源泉徴収制度

源泉徴収制度の内容は、年金受給者の年齢や「公的年金等の受給者の扶養親族等申告書」の提出の有無により異なる。

（1）申告書の提出ができない者

確定給付企業年金、中小企業退職金共済の分割退職金、小規模企業共済の分割共済金、確定拠出年金（企業型または個人型）の老齢給付金として支給される年金等を受給する者は、申告書を提出することができない。

源泉徴収税額＝（年金支給額－年金支給額×25％）×10.21％

（2）申告書の提出ができる者

上記（1）以外の年金を受給する者は申告書を提出することができるが、提出した者と提出しない者では源泉徴収税額の計算が異なる。

年齢		65歳未満	65歳以上
源泉徴収の対象となる年金額		108万円以上	158万円以上
申告書の提出	あり	源泉徴収税額＝(年金支給額－Ａ－Ｂ－配偶者控除など)×5.105％	
	なし	源泉徴収税額＝(年金支給額－Ａ－Ｂ)×5.105％	

（注１）Ａは年金から特別徴収された社会保険料（介護保険料、国民健康保険料、後期高齢者医療保険料など）の合計。

（注２）Ｂは公的年金等控除、基礎控除相当であり「１カ月分の年金支給額×25％＋65,000円」として計算。65歳未満は最低90,000円、65歳以上は最低135,000円。

(3) 定額減税

居住者本人、配偶者および扶養親族１人につき、所得税３万円、個人住民税１万円が減税（控除）される。ただし、合計所得金額1,805万円超の者は対象外となる。

所得税は、2024年６月以降の源泉徴収税額から控除され、2024年６月分で控除しきれなかった額は、2024年８月以降の源泉徴収税額から順次控除される。

個人住民税は、2024年10月以降の特別徴収税額から控除され、2024年10月分で控除しきれなかった額は、2024年12月分以降の特別徴収税額から順次控除される。

3 確定申告

２カ所以上の年金支払者に「公的年金等の受給者の扶養親族等申告書」を提出している場合や、年金以外に給与所得がある場合などに、確定申告が必要である。ただし、公的年金等の収入金額の合計額が**400万円以下**であり、その全部が源泉徴収となる場合において、公的年金等に係る雑所得以外の所得金額が**20万円以下**であるときは、確定申告は不要である。なお、**４月１日**現在、**65歳以上**であり、前年中の公的年金等の所得に係る個人住民税の納税義務者は、原則として、年金から個人住民税が特別徴収される。

POINT!

老齢年金は雑所得として所得税・住民税の課税の対象になり、障害年金や遺族年金は非課税となっている。

チェックテスト

(1) 障害基礎年金の受給権者が65歳になり、老齢厚生年金の受給権を取得した場合、障害基礎年金と老齢厚生年金は併給される。

(2) 65歳以上の者が自分自身の老齢厚生年金と遺族厚生年金を同時に受けられる場合には、老齢厚生年金が優先的に支給される。

(3) 労災保険から障害補償年金を受けられる場合には、障害基礎年金、障害厚生年金が減額され、障害補償年金は全額支給される。

(4) 60歳台前半の者が基本手当を受けられる間は、特別支給の老齢厚生年金が一部支給停止される。

(5) 離婚時の年金分割において、老齢基礎年金や定額部分は分割の対象にならない。

(6) 合意分割制度は、2007年４月１日以後の期間だけが分割対象である。

(7) ３号分割制度は、2008年４月１日前の期間についても分割対象になる。

(8) 年金の受給期間は、原則として受給権の発生日の翌月から、受給権が消滅した日の月までである。

(9) 年金の支払いは、原則として毎年１月、３月、５月、７月、９月、11月の奇数月に支払われる。

(10) 65歳未満の者の公的年金等の金額が120万円である場合、所得税および復興特別所得税は源泉徴収されない。

(11) 「公的年金等の受給者の扶養親族等申告書」を提出している場合の源泉徴収税率（所得税および復興特別所得税の合計）は10.21％である。

(12) 源泉徴収の対象となっている公的年金等の収入金額が300万円であり、公的年金等に係る雑所得以外の所得金額が15万円である場合、所得税の確定申告書の提出は不要である。

(13) その年の12月31日において65歳以上の者で、前年中の公的年金等の所得に係る個人住民税の納税義務者が受け取る公的年金等については、原則として、個人住民税が特別徴収される。

解答

(1) ○　(2) ○　(3) ×　(4) ×　(5) ○　(6) ×
(7) ×　(8) ○　(9) ×　(10) ×　(11) ×　(12) ○　(13) ×

第10章

企業年金等

過去の出題状況	2022.5	2022.9	2023.1	2023.5	2023.9	2024.1
確定給付企業年金		☆				
確定拠出年金		☆	☆	☆		☆
中小企業退職金共済					☆	
小規模企業共済	☆					
国民年金基金	☆			☆		

1. 企業年金等の概要

確定給付タイプと確定拠出タイプがあることを知る。

2. 厚生年金基金

厚生年金基金の仕組みや特徴を学ぶ。

3. 確定給付企業年金

確定給付企業年金の仕組みや特徴を学ぶ。

4. 確定拠出年金

企業型と個人型の対象者、拠出限度額、運用、給付などについて詳しく学ぶ。

5. 中小企業退職金共済（中退共）

中小企業退職金共済の仕組みや特徴を学ぶ。

6. 小規模企業共済

小規模企業共済の仕組みや特徴を学ぶ。

7. 国民年金基金

国民年金基金の２つの種類、年金の種類、加入資格者などについて学ぶ。

1 企業年金等の概要

1 企業年金等

年金制度には、国が行う公的年金と、それ以外の企業年金等がある。企業年金等には、企業が従業員の福利厚生のために行うものと、個人が自ら任意に加入するものがある。企業は、複数の企業年金のなかからふさわしいものを選択して実施する。また、退職一時金を準備する手段としても企業年金や共済制度が活用されている。

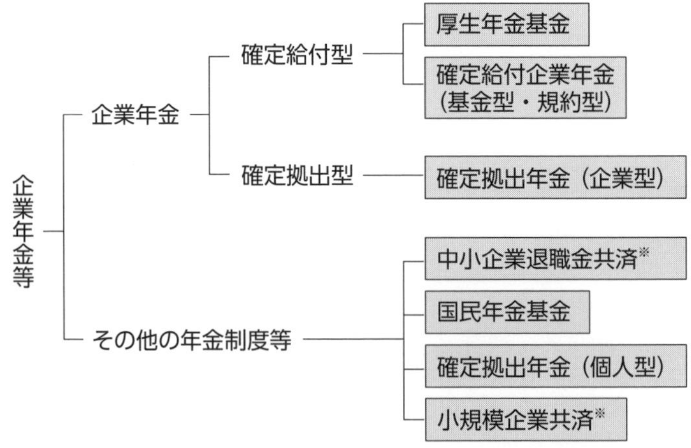

※　共済制度である「中小企業退職金共済」と「小規模企業共済」は、年金制度ではないが、選択肢の１つとして図に含めている。

2 年金制度のタイプ（確定給付タイプと確定拠出タイプ）

将来受け取る額（給付額）があらかじめ確定している「確定給付タイプ」と、積み立てる掛金の額（拠出額）が確定している「確定拠出タイプ」の２つのタイプがある。

(1) 確定給付タイプ（DB：Defined Benefit Plan）

加入した期間や給付水準により給付額があらかじめ定められている年金制度である。あらかじめ給付額が決まっているため、受給者サイドからみると老後の生活設計を立てやすいというメリットがある。一方、支給者サイドからみると運用の低迷など積立水準が不足した場合は、支給者（国や企業）が追加拠出をする必要があるなど運用に対するリスクがある。確定給付型の代表例は、**厚生年金基金、確定給付企業年金（基金型・規約型）**である。

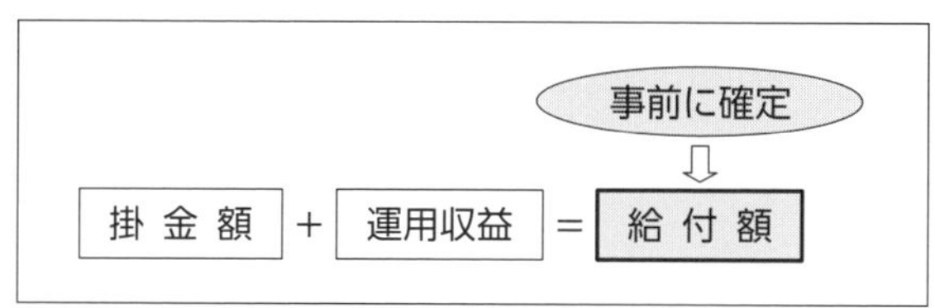

(2) 確定拠出タイプ（DC：Defined Contribution Plan）

拠出した掛金額とその運用収益によって給付額が決定される年金制度である。受給者サイドからみると自分の運用次第で給付額が変動するので、実力主義の制度といえる。支給者サイドからみると運用によるリスクを受給者に移行できる点で、確定給付年金のように追加拠出をする必要がなくなる。確定拠出型の代表例は、**確定拠出年金（企業型・個人型）**である。

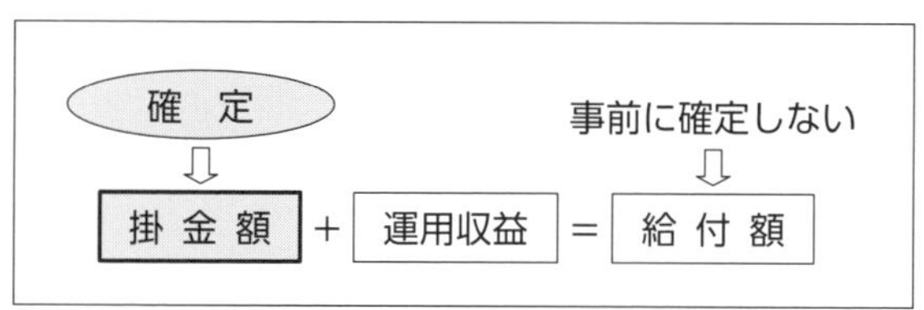

第10章 企業年金等

■確定給付タイプ（DB）と確定拠出タイプ（DC）の比較

	確定給付タイプ（DB）	確定拠出タイプ（DC）
制度概要	あらかじめ決められた年金額にあわせて保険料を決める。 保険料は変動する	あらかじめ決められた保険料を支払う。 年金額は変動する
給付額 （年金額）	企業等が将来の年金額を約束 （賃金・勤続年数等から事前に決定）	企業等は年金額を約束せず、運用収益によって額が決定 （退職時の掛金の元利合計に基づく）
運用の主体 運用リスク	運用は企業などが行う。 運用リスクは企業が負う	運用は加入者が行う。 運用リスクは加入者が負う
代表例	確定給付企業年金 厚生年金基金	確定拠出年金（企業型・個人型）
加入者の資産運用知識	加入者の運用知識は不要	加入者の運用知識が必要
資産の管理掛金の積立残高	資産を一括して管理 一般的に明示されない	個人ごとに資産を管理 加入者ごとに年金額が明確
企業会計上の取扱い	退職給付債務や積立不足が認識される	退職給付債務や積立不足は発生しない
受給権の保護	事業主等に積立義務、受託者責任、情報開示の３つを義務付け	事業主等制度関係者の忠実義務や行為準則が定められている

POINT!

企業年金のうち、確定給付タイプの代表例として厚生年金基金、確定給付企業年金（基金型・規約型）があり、確定拠出型の代表例として確定拠出年金（企業型・個人型）がある。

2 厚生年金基金

1 厚生年金基金の仕組み

厚生年金基金は、1966年より実施されている日本の企業年金の代表的な制度である。厚生年金保険の老齢厚生年金の給付の一部を国に代わって行うとともに、企業独自の年金給付を上乗せして給付を行っている。なお、新規で厚生年金基金を設立することは認められておらず、2019年４月以降は、一定の基準を満たさない基金に対して、厚生労働大臣が第三者委員会の意見を聴いて解散命令を発動できる。

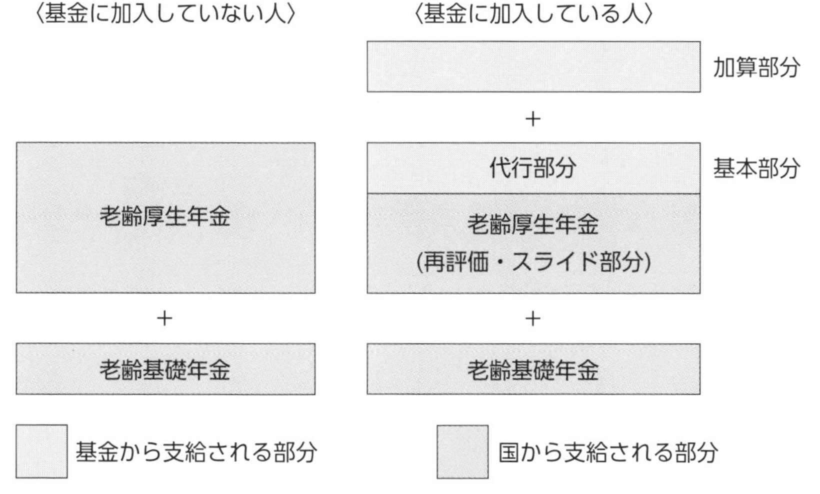

2 他の企業年金制度

厚生年金基金は、確定給付企業年金（基金型）や確定給付企業年金（規約型）に制度変更をすることが認められている。この場合、代行部分を国に返上（代行返上）し、残りの部分を確定給付企業年金に移行する。また、厚生年金基金を解散して確定拠出年金（企業型）へ移行することも可能である。

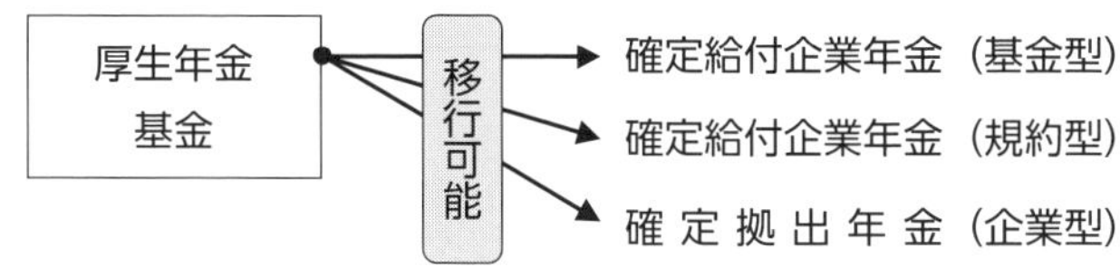

3 税法上の取扱い

掛金	事業主負担分	全額損金算入
	加入員負担分	社会保険料控除として所得控除の対象
給付時	一時金受取り	退職所得
	年金受取り	雑所得（公的年金等控除が適用）

POINT!

厚生年金基金は、厚生年金保険の老齢厚生年金の給付の一部を国に代わって行うとともに、企業独自の年金給付を上乗せして給付を行っている。

3 確定給付企業年金

1 基金型と規約型

確定給付企業年金には、**基金型**と**規約型**の２タイプがある。

厚生年金保険の被保険者（**第１号・第４号**厚生年金被保険者）は、原則として全員加入者とする必要があるが、①特定の者について不当な差別がなく、②加入者が資格喪失を任意に選択できるものではない、という要件を満たせば、規約において一定の資格（職種、勤続期間や年齢など）を定め、**当該資格のない者を加入者としないことができる。**

また、掛金は年１回以上、定期的に事業主が拠出しなければならないが、**規約の定め**と**加入者本人の同意**があれば、加入者本人がその一部（掛金の額の**２分の１**を超えない範囲）を負担することができる。

2017年１月１日に導入されたリスク分担型企業年金は、将来のリスクに応じた掛金（リスク対応掛金）を事業主が拠出することを前提として、運用の結果、給付額に満たない積立金の不足が生じた場合は、事業主がその不足分を補塡し、それでも賄いきれないときは、年金給付額の減額を可能とする仕組みである。事業主と加入者が、それぞれリスクを負担している企業年金である。

(1) 基金型

企業とは別の法人格をもった企業年金基金を設立し、基金が年金資金を管理運用し、年金給付を行う。既存の厚生年金基金と似ているが、**代行部分がない点**が大きく異なる。企業年金基金を設立するためには、労使合意による規約を作成し、厚生労働大臣の設立認可を受ける必要がある。

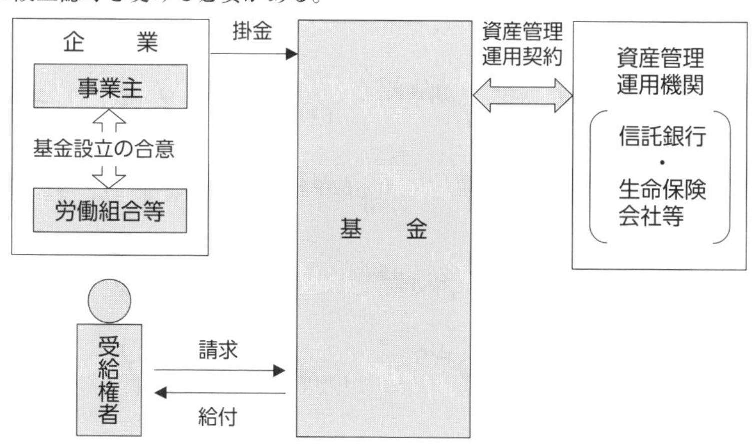

(2) 規約型

労使が合意した年金規約に基づき、企業が主体となって、企業の外部の機関で年金資金を管理運用し、年金給付を行う。制度を開始するためには、労使合意された規約を厚生労働大臣から承認を得る必要がある。

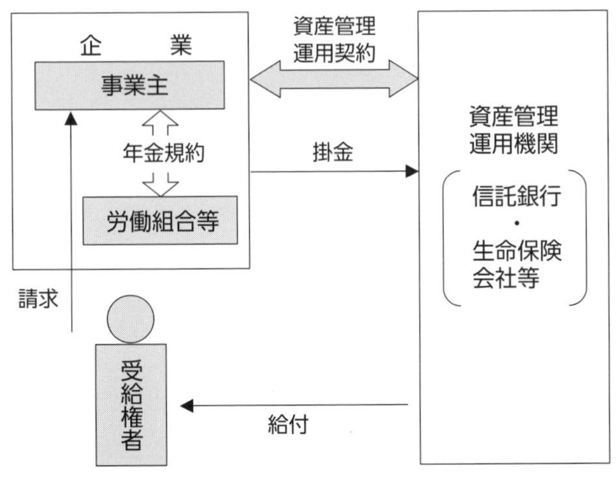

2 給　付

(1) 給付の種類

法定給付の老齢給付金と脱退一時金、任意給付の障害給付金と遺族給付金がある。障害給付金と遺族給付金は規約で定めることにより支給される。

(2) 年金給付の支給期間

年金給付は5年以上の有期年金または終身年金で、毎年1回以上定期的に支給するものでなければならない。保証期間を定める場合は、20年を超えない範囲内で定めることが要件である。

(3) 老齢給付金

老齢給付金の支給要件を規約で定める場合、次の条件を満たさなければならない。

① 60歳以上70歳以下の年齢に達したときに支給するもの

② **50歳以上**①の規約で定める年齢未満の年齢に達した日以後に退職したときに支給するもの

(注) 規約において**20年を超える加入者期間**を老齢給付金の支給要件とすることはできない。

3 企業型DCの拠出限度額見直しに伴う確定給付企業年金の対応

2024年12月1日から企業型確定拠出年金の拠出限度額が見直されることに伴い、2024年11月1日までに、確定給付企業年金の加入者に係る**他制度掛金相当額**を算定し、規約に記載する必要がある。

他制度掛金相当額とは、確定給付企業年金等の確定拠出年金以外の他制度（公務員の年金払い退職給付を含む）ごとに、その給付水準から企業型確定拠出年金と比較可能な形で評価したものである。複数の確定給付企業年金等の他制度に加入している場合は合計額となる。

具体的には、加入年齢方式、開放基金方式、閉鎖型総合保険料方式など財政方式ごとの算定式に基づき、毎月定額の掛金相当額として算定する。

また、2024年12月１日からiDeCoの拠出限度額を管理するため、毎月、確定給付企業年金の全加入者に関する情報を企業年金連合会が整備する企業年金プラットフォームに登録する必要がある。これにより、iDeCoに関して事業主が行わなければならなかった従業員の加入状況に関する証明書の発行と年１回の確認が廃止される。

4 税法上の取扱い

掛金	事業主拠出分	全額損金算入
	加入員拠出分	生命保険料控除として所得控除の対象
給付時	一時金受取り	退職所得
	年金受取り	雑所得（公的年金等控除が適用）

POINT!

確定給付企業年金には、基金型と規約型がある。

4 確定拠出年金

1 確定拠出年金とは

英語ではDC（Defined＝確定、Contribution＝拠出）という。毎月の拠出（掛金）があらかじめ決められているが、将来の年金受取額が運用実績によって変わる年金制度である。掛金の運用と運用リスクを加入者自身が負うことになる。

2 加入対象者と拠出限度額

確定拠出年金には、企業が企業年金として実施する**企業型年金**と、個人が任意に加入する**個人型年金（iDeCo）**の２つのタイプがあり、それぞれ加入対象者が定められている。

個人型年金では、加入者個人が掛金を拠出する。企業型年金では、企業が掛金を拠出するが、一定の範囲内で加入者個人による上乗せ拠出（**マッチング拠出**）もできる。

加入対象者および加入者１人あたりの拠出限度額が次頁のように定められている。また、掛金を毎月拠出する方法に加えて、2018年１月以降、12月から翌年11月までの１年間ごと（拠出単位期間という）に、複数月分をまとめて拠出することや、１年間分をまとめて拠出することが可能である（納付は１月から12月までの範囲内で行う）。また、掛金拠出額の変更は、**拠出単位期間につき１回だけ**行うことができる。

例えば、国民年金第１号被保険者の場合において、12月から翌年５月までの分を翌年６月に、翌年６月から翌年11月までの分を翌年12月に、それぞれまとめて拠出するとき、翌年６月における拠出限度額は408,000円（＝68,000円×６カ月）である。仮に、翌年６月に掛金を300,000円拠出したとき、拠出限度額の残額108,000円（＝408,000円－300,000円）があるため、翌年12月における拠出限度額は516,000円（＝108,000円＋408,000円）となる。

なお、加入者が行う配分変更やスイッチングについては、少なくとも**３カ月**に１回行うことができるが、運営管理機関に手数料を払い込む必要はない。また、個人型年金における拠出最低限度額は「**5,000円**×拠出区分の月数」の金額であり、掛金額は1,000円単位となっている。

	加入対象者	拠出限度額	
		月額	年額
企業型年金	他に企業年金を実施する企業の加入者	27,500円	330,000円
	企業年金を実施していない企業の加入者	55,000円	660,000円
個人型年金(iDeCo)	国民年金第1号被保険者	68,000円(国民年金基金の掛金との合計額)	816,000円(国民年金基金の掛金との合計額)
	他の企業年金も確定拠出年金(企業型)も実施しない企業の加入者	23,000円	276,000円
	確定拠出年金(企業型)のみを実施する企業の加入者※1	20,000円	年単位拠出はできない
	確定給付型年金と確定拠出年金(企業型)の両方を実施する企業の加入者※2	12,000円	年単位拠出はできない
	確定給付型年金のみを実施する企業の加入者	12,000円	144,000円
	公務員・私学共済加入者	12,000円	144,000円
	国民年金第3号被保険者	23,000円	276,000円

※1　企業型年金のみを実施する場合、事業主掛金は月額55,000円以内、個人型年金(iDeCo)の掛金は月額20,000円以内となり、合計額は月額55,000円が限度となる。なお、マッチング拠出を選択している場合や、事業主掛金が各月の拠出限度額の範囲内での各月拠出となっていない場合は、個人型年金(iDeCo)に加入できない。

※2　確定給付型年金と企業型年金を実施する場合、事業主掛金は月額27,500円以内、個人型年金(iDeCo)の掛金は月額12,000円以内となり、合計額は月額27,500円が限度となる。なお、マッチング拠出を選択している場合や、事業主掛金が各月の拠出限度額の範囲内での各月拠出となっていない場合は、個人型年金(iDeCo)に加入できない。

2024年12月1日から、上表の網掛け部分が次のように改正される。

	加入対象者	拠出限度額	
		月額	年額
企業型年金	他に企業年金を実施する企業の加入者	他制度掛金相当額と合算して55,000円まで	他制度掛金相当額と合算して660,000円まで
個人型年金(iDeCo)	確定給付型年金と確定拠出年金(企業型)の両方を実施する企業の加入者	他制度掛金相当額および企業型年金の事業主掛金額と合算して55,000円まで(上限20,000円)	年単位拠出はできない
	確定給付型年金のみを実施する企業の加入者	他制度掛金相当額と合算して55,000円まで(上限20,000円)	
	公務員・私学共済加入者		

※他制度掛金相当額と企業型年金の事業主掛金額の合計額が月額35,000円を超えると、上限20,000円まで拠出できないことになる。

※他制度掛金相当額によっては、月額5,000円を下回り個人型年金(iDeCo)の拠出ができな

い場合があるため、他の要件を満たしたときは、脱退一時金の支給を受けることができる。なお、企業型年金にも加入している人は脱退一時金を請求することはできない。

■公的年金・他の企業年金と確定拠出年金の位置づけ（2024年12月以降）

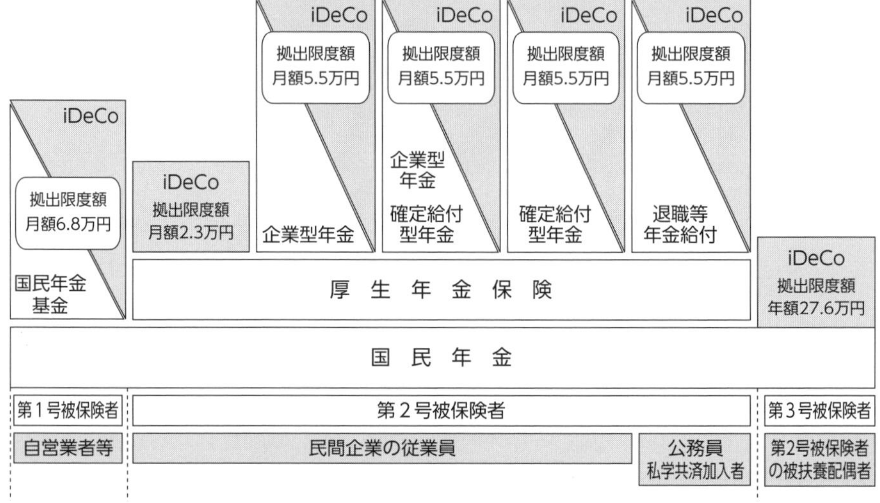

3 企業型年金の仕組み

企業型年金は、導入したい企業が労使契約に基づき規約（確定拠出年金企業型年金規約）を定めて、厚生労働大臣の承認を得て実施している。

対象者	企業型年金を実施する事業主に使用される従業員で、60歳未満の厚生年金保険の被保険者。ただし、規約により70歳未満とすることができる。
加入	企業型年金を実施する事業主に使用される従業員は、規約の定めにより加入者となることができる。
拠出	拠出限度額の範囲内で、規約に基づいて企業が掛金を拠出する。一定の範囲内で加入者個人による上乗せ拠出（マッチング拠出）もできる。 マッチング拠出の額は、事業主の掛金の額との合計額が拠出限度額以内で、かつ、事業主の掛金の額以内でなければならない。 なお、マッチング拠出をしている従業員は、個人型年金（iDeCo）に加入することはできない。

※ 企業型の加入者が中途退職し、何も手続きを行わないまま退職から6カ月が経過した場合、個人別管理資産は、国民年金基金連合会に自動移換される。

4 簡易企業型年金（簡易型DC制度）

2018年5月1日より、「簡易企業型年金」（簡易型DC制度）が創設された。簡易企業型年金は、設立時に必要な書類などを削減して設立手続きを緩和するとともに、制度運営についても負担の少ないものにするなど、中小企業向けにシンプルな制度設計とした企業型年金である。

	簡易企業型年金（簡易型DC制度）	企業型年金
事業主の条件	使用する第１号厚生年金被保険者が300人以下である厚生年金適用事業所の事業主	厚生年金適用事業所の事業主
加入者の範囲	第１号・第４号厚生年金被保険者（一定の資格を定めることは不可）	第１号・第４号厚生年金被保険者（一定の資格を定めることは可能）
商品提供数	２本以上35本以下	３本以上35本以下 ※ただし、2018年５月１日（施行日）時点で35本超の場合は、施行日以後５年は施行日時点の商品数が上限

5 個人型年金（iDeCo）の仕組み

個人型年金は、国民年金基金連合会が規約（確定拠出年金個人型年金規約）を定めて、厚生労働大臣の承認を得て実施している。対象者②～⑥について、厚生年金保険の被保険者期間が40年未満に限り、65歳未満まで加入することができる。

対象者	① 国民年金第１号被保険者（20歳以上60歳未満） （注）障害や産前産後期間により、国民年金の保険料の免除を受けている者は加入できる。 ② 他の企業年金も確定拠出年金（企業型）も実施しない企業の従業員（65歳未満） ③ 確定拠出年金（企業型）のみを実施する企業の従業員（65歳未満）※ ④ 確定給付型年金と確定拠出年金（企業型）の両方を実施する企業の従業員（65歳未満）※ ⑤ 確定給付型年金のみを実施する企業の従業員（65歳未満） ⑥ 公務員・私学共済加入者（65歳未満） ⑦ 国民年金第３号被保険者（20歳以上60歳未満） ⑧ 日本国内に住所を有する任意加入被保険者（60歳以上65歳未満） ⑨ 海外に居住する任意加入被保険者（20歳以上65歳未満）
加入	国民年金基金連合会に申し出て加入者となる。
拠出	加入者は、拠出限度額の範囲内で掛金の額を任意で定め、国民年金基金連合会に拠出する。 （注）国民年金の保険料を滞納している間は拠出できない。

※ 拠出限度額やiDeCoの加入制限については、P145図表参照。

■（参考）企業型年金のイメージ図

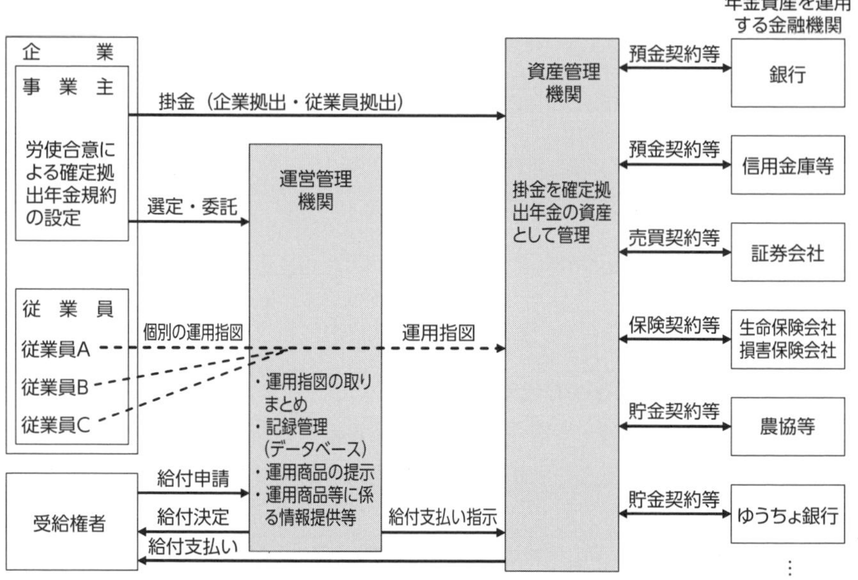

（注）運営管理機関は、加入者からの運用指図を取りまとめて、資産管理機関に運用の指図を行う。

■（参考）個人型年金（iDeCo）のイメージ図

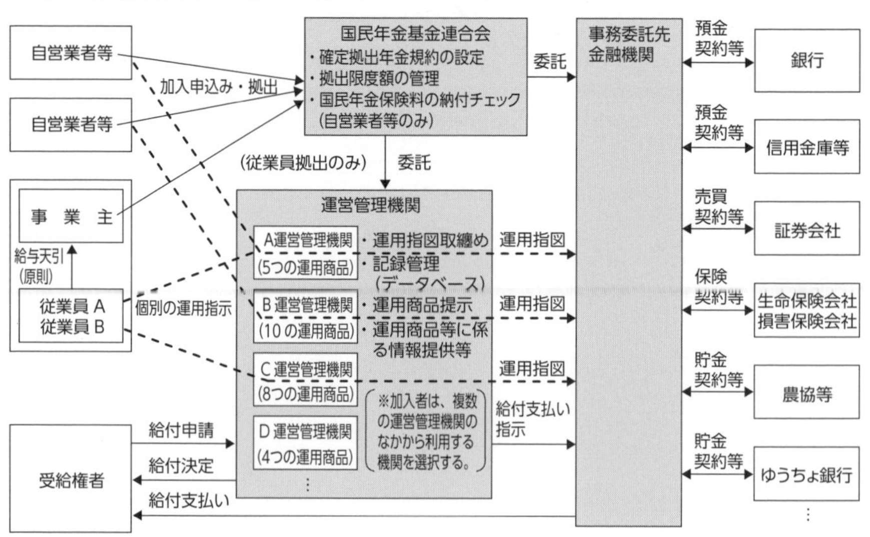

（注）運営管理機関は、加入者からの運用指図を取りまとめて、国民年金基金連合会（事務委託先金融機関）に運用の指図を行う。

6 中小事業主掛金納付制度（iDeCo+、イデコプラス）

2018年５月１日より「中小事業主掛金納付制度」（iDeCo+、イデコプラス）が創設された。これは、企業年金を実施していない中小企業が、iDeCoに加入する従業員の掛金に追加して、事業主が掛金を拠出することができる制度である。

実施手続き	この制度を利用する場合は、国民年金基金連合会および厚生労働大臣に届出が必要。
事業主の条件	厚生年金基金、確定給付企業年金および企業型年金を実施していない、従業員（第１号厚生年金被保険者）が300人以下の事業主
拠出対象者	iDeCoに加入している従業員のうち、中小事業主掛金を拠出されることに同意した人 (ただし、iDeCoに加入している人のうち一定の資格（職種・勤続年数）を定めることは可能)
労使合意	中小事業主掛金を拠出する場合に、労働組合などの同意が必要。
拠出方法	・従業員の掛金との合計がiDeCoの拠出限度額の範囲内（月額23,000円相当） ・従業員の掛金を０円とすることはできないが、中小事業主掛金の額が加入者掛金の額を超えてもよい。 ・中小事業主掛金の額は定額であるが、一定の資格ごとに定める場合、定めた資格内においては同一額としなければならない。 ・従業員の掛金は中小事業主掛金と合わせて、事業主経由で国民年金基金連合会に納付する。 ・従業員が拠出単位期間を任意に区切っている場合は、その拠出区分期間ごとに中小事業主掛金を拠出できる。 ・中小事業主掛金の額の変更は、拠出単位期間につき１回に限る。

7 運　用

加入者は、年金資産の運用について、自ら「運営管理機関」に対して運用指図を行う。運営管理機関とは、確定拠出年金制度の運営管理（記録関連業務・運用関連業務）を行う専門機関である。加入者は、運営管理機関が提示する、リスク・リターン特性の異なる３つ（簡易企業型年金においては２つ）以上の運用商品のなかから、自ら選択する。選択する運用商品は１つのみでもよい。なお、運営管理機関等は上場企業である事業所の加入者に対し、企業型年金の運用商品として自社株を提示することができる。

事業主や国民年金基金連合会などは、加入者が制度へ加入する際および加入後において、継続的に個々の加入者の知識水準やニーズなども踏まえつつ、加入者が十分理解できるよう、必要かつ適切な投資教育を行わなければならない（継続投資教育の努力義務化）。

8 給　付

給付の種類には、「老齢給付金」のほかに、高度障害または死亡した場合に支給される「障害給付金」「死亡一時金」がある。また、一定の要件を満たした者が中途脱退したときに支給される「脱退一時金」がある。

老齢給付金	原則60歳から受給。また、加入期間により、段階的に受給開始年齢が決められている。
障害給付金	加入者または加入者であった者が75歳到達以前に政令に定める程度の障害の状態に該当するに至ったときに請求することができる。
死亡一時金	加入者または加入者であった者が死亡した場合に請求することができる。

(1) 老齢給付金

老齢給付金は**5年以上20年以下**の有期年金または終身年金で、**60歳以降**に受給を開始する。受給開始年齢の上限は**75歳**である。75歳までに老齢給付金の支給を請求しなかった場合、国民年金基金連合会（個人型年金）または資産管理機関（企業型年金）は、運営管理機関等の裁定に基づいて、老齢給付金を支給する。

受給可能となる年齢は、**通算加入者等期間**によって異なる。通算加入者等期間とは、加入者期間および運用指図者期間を合算した期間であり、**60歳到達月の翌月以降の期間は含まない**。

なお、老齢給付金の受給権は、①受給権者が死亡したとき、②**障害給付金の受給権者となったとき**、③個人別管理資産がなくなったとき、のいずれかに該当すると**消滅**する。

通算加入者等期間	受給可能となる年齢
10年以上	60歳から
8年以上	61歳から
6年以上	62歳から
4年以上	63歳から
2年以上	64歳から
1月以上	65歳から

(2) 脱退一時金

個人型年金（iDeCo）の加入者は、次の要件をすべて満たす必要がある。

① 60歳未満であること

② ~~企業型年金加入者でないこと~~

③ 個人型年金に加入できないこと（保険料の免除申請をしている国民年金第1号被保険者、日本国籍を有していない海外居住者など）

④ 日本国籍を有する海外居住者（20歳以上60歳未満）でないこと

⑤ 障害給付金の受給権者でないこと

⑥ 企業型年金加入者および個人型年金加入者として掛金を拠出した期間が**5年以内**であること、または個人別管理資産が**25万円以下**であること

⑦ 最後に企業型年金または個人型年金の資格を喪失してから2年以内であること

企業型年金の加入者、個人別管理資産の額に応じ、それぞれの要件をすべて満たす必要がある。

個人別管理資産	受給要件
15,000円以下	・企業型年金加入者、企業型年金運用指図者、個人型年金加入者、個人型年金運用指図者でないこと ・最後に企業型年金の資格を喪失した日の翌月から6カ月以内
15,000円超	・企業型年金加入者、企業型年金運用指図者、個人型年金加入者、個人型年金運用指図者でないこと ・最後に企業型年金の資格を喪失した日の翌月から6カ月以内 ・個人型年金の脱退一時金の要件①、③、④、⑤および⑥を満たしていること

9 税法上の取扱い

加入者拠出分の掛金は**負担した加入者本人のみ**所得控除の適用を受けられる。加入者の掛金を同一生計親族が拠出しても、当該親族は所得控除の適用を受けることはできない。

掛　金	企業拠出分	全額損金算入
	加入者拠出分	所得控除（小規模企業共済等掛金控除）の対象
給付時 （老齢給付金）	一時金受取り	退職所得
	年金受取り	雑所得（公的年金等控除が適用）

■税法上の取扱いのまとめ

	内容	確定給付企業年金	確定拠出年金	
			企業型	個人型（iDeCo）
掛金	事業主負担分	事業主の損金等	事業主の損金等	—
	従業員負担分 加入者負担分	従業員の生命保険料控除	小規模企業共済等掛金控除	
給付金	老齢給付（年金）	雑所得（公的年金等控除）	雑所得（公的年金等控除）	
	老齢給付（一時金）	退職所得	退職所得	
	障害給付	非課税		
	遺族給付 死亡一時金	みなし相続財産として相続税の課税対象 （500万円×法定相続人の数までの非課税適用）		
	脱退一時金	一時所得または退職所得 （事由による）	一時所得	

10 個人別管理資産の移換

確定拠出年金の個人別管理資産は、転職時に一定の手続きをすることで移換することができる。なお、企業型年金の加入者が、転職・退職等により加入者資格を喪失した場合、6カ月以内に次の手続きを行わなかったときは、個人別管理資産が国民年金基金連合会に自動移換される。

・個人別管理資産の移換手続き

・脱退一時金の請求手続き

転職前	転職先	年金資産の移換
個人型年金（iDeCo）に加入	企業型年金あり	転職先の企業型年金へ移換 または 引き続き個人型（iDeCo）に加入
	確定給付企業年金のみ	年金規約で定められている場合、移換可能
企業型年金に加入	企業型年金あり	転職先の企業型年金へ移換 または 個人型（iDeCo）へ移換
	公務員	個人型（iDeCo）へ移換
	確定給付企業年金のみ	年金規約で定められている場合、移換可能

POINT!

確定拠出年金には、企業型と個人型（iDeCo）がある。

5 中小企業退職金共済（中退共）

1 中小企業退職金共済（中退共）とは

中小企業退職金共済（中退共）は、単独では退職金制度を持つことが困難な**中小企業のための国の退職金制度**である。この制度は、独立行政法人勤労者退職金共済機構・中小企業退職金共済事業本部が運営している。

2 制度の仕組みと特徴

事業主は、毎月の掛金を金融機関に納付し、従業員が退職したときは、**中退共から従業員に退職金が直接支払われる**。事業主が負担する掛金に対して、国の助成があるのが大きな特徴である。

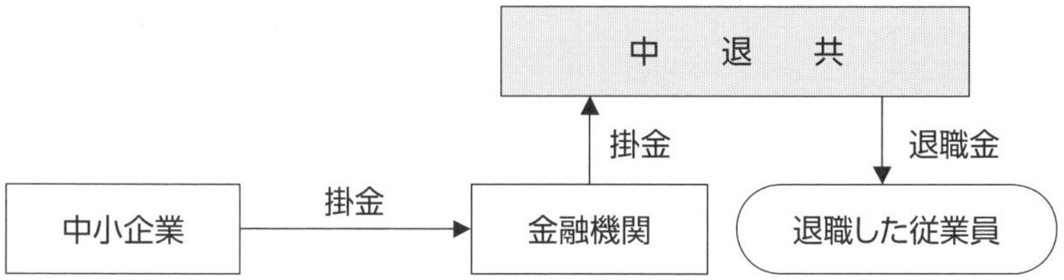

3 加入の条件

(1) 加入できる企業

中退共に加入できる中小企業の範囲は次のとおりである。なお、従業員の増加等により中小企業でなくなった場合には、一定の要件を満たしていれば、確定給付企業年金に引き継ぐことができる。

一般業種（製造・建設業等）	従業員300人以下または資本金３億円以下
卸売業	従業員100人以下または資本金１億円以下
サービス業	従業員100人以下または資本金5,000万円以下
小売業	従業員50人以下または資本金5,000万円以下

(2) 加入させる従業員

原則として全員加入になっている。

（注１）法人企業の役員は加入できない。

（注２）個人企業の事業主は加入できない。なお、事業主と生計を一にする同居の親族については、従業員である実態があれば加入できる。

4 掛　金

掛金は、**全額を事業主が負担する。従業員が拠出することはできない**。掛金月額は、従業員ごとに事業主が任意に選択する。掛金の増額はいつでもできるが、減額は従業員の同意または厚生労働大臣の認可が必要である。

掛金区分	備　考
2,000円～4,000円	短時間労働者のみ （パートタイマー等） （注）1,000円刻み
5,000円～10,000円	（注）1,000円刻み
10,000円～30,000円	（注）2,000円刻み

■国の助成

新規加入助成	新規に加入する事業主に、掛金月額の２分の１（従業員ごと上限5,000円）を加入後４カ月目から１年間、国が助成。
月額変更助成	原則、掛金月額18,000円以下の従業員の掛金を増額する事業主に、増額分の３分の１を増額月から１年間、国が助成。

5 給　付

退職金は、**基本退職金**と**付加退職金**を合計したものである。基本退職金は、**掛金月額と納付月数**に応じて定められている。付加退職金は、**運用収入の状況等**に応じて基本退職金に上乗せされる。

受給方法は、一時金払い、全額分割払い、一部分割払い（併用払い）から選択する。

受給方法	要　件
全額分割払い	・退職日において60歳以上 ・５年間の分割払いの場合→退職金の額が80万円以上 ・10年間の分割払いの場合→退職金の額が150万円以上
一部分割払い （併用払い）	・退職日において60歳以上 ・５年間の分割払いの場合→　退職金の額が100万円以上 （分割払い対象額が80万円以上 一時金払い対象額が20万円以上） ・10年間の分割払いの場合→　退職金の額が170万円以上 （分割払い対象額が150万円以上 一時金払い対象額が20万円以上）

なお、掛金納付月数が12月未満の場合、退職金は従業員に支給されず、掛金は事業主に返還されない。

6 税法上の取扱い

掛金	事業主拠出分	全額損金算入 （注）個人事業の場合は全額必要経費に算入
給付時 （老齢給付金）	一時金受取り	退職所得
	年金受取り	雑所得（公的年金等控除が適用）

7 通算制度

（1） 過去勤務期間の通算

事業主が新規に加入する際、すでに1年以上勤務している従業員について、加入申込み時までの継続した雇用期間（最高10年）を通算することができる。

（2） 転職した場合の通算

従業員が中小企業退職金共済のある企業を退職して、3年以内に転職先の企業で再び被共済者となり通算の申し出を行った場合、前の企業での掛金納付実績をそのまま新しい契約に通算することができる。

第10章 企業年金等

8 制度間のポータビリティ

老後の所得確保のために、加入者が転職等をした場合に、加入者ごとの年金資産を移換し、加入者等期間を通算することができる。なお、企業年金連合会は、1967年2月に厚生年金基金の連合体として設立され、厚生年金基金や確定給付企業年金を退職等により脱退した人等の年金資産の受け皿として、年金通算事業を実施している機関である。

		移換先				
		確定給付企業年金	確定拠出年金（企業型）	確定拠出年金（個人型）	通算企業年金（企業年金連合会）	中小企業退職金共済
移換元	確定給付企業年金	○	○ （※1）	○ （※1・2）	○	○ （※3）
	確定拠出年金（企業型）	○ （※4）	○	○	○ （※5）	○ （※3）
	確定拠出年金（個人型）	○	○		×	×
	通算企業年金（企業年金連合会）	○	○	○		×
	中小企業退職金共済	○ （※3・6）	○ （※3・6）	×	×	○

※1　本人からの申出により、脱退一時金相当額を移換可能。

※2　制度が終了した確定給付企業年金の年金資産も移管可能。

※3　企業合併等の場合に限って可能。被共済者の同意に基づき、合併等を行った日から1年以内、かつ、退職金共済契約の解除日の翌日から3カ月以内に、当該資産移換の申出をする必要がある、なお、新規加入者の掛金について、国の助成を受けることはできない。

※4　年金規約で定められている場合、移換可能。

※5　退職等に伴う移換が可能。

※6　中小企業でなくなった場合に移換可能。

POINT!

中小企業退職金共済（中退共）は、単独では退職金制度を持つことが困難な中小企業のための国の退職金制度である。

6 小規模企業共済

1 小規模企業共済とは

小規模企業の個人事業主または会社等の役員が事業を廃止した場合や役員を退職した場合などに、積み立てた掛金に応じた共済金を受け取ることができる国の共済制度である。

2 加入者

加入できる人は、**常時使用する従業員が20人（商業とサービス業では５人）以下の個人事業主と会社の役員**、一定規模以下の企業組合、協業組合および農事組合法人の役員、弁護士法人などの士業法人の社員である。

個人事業主の場合、配偶者等の事業専従者を加入者とすることはできないが、その配偶者等が経営に携わる共同経営者の要件を満たしたときは、加入者とすることができる（個人事業主１人につき２人まで）。

（注）小規模企業共済と中小企業退職金共済（中退共）の重複加入はできない。

3 掛　金

毎月の掛金は**1,000円から70,000円**の範囲内（500円単位）で加入者が自由に決定することができる。掛金月額の増額・減額はいつでもできる。

納付方法には、月払い、半年払い、年払いがあり、前納することもできる。掛金を前納した場合、前納月数１カ月あたり0.09％相当額の前納減額金を受け取ることができる。

第10章 企業年金等

4 給　付

種類 （請求事由）	・共済金Ａ……事業の廃止等 ・共済金Ｂ……老齢給付（65歳以上で180月以上掛金を納付した場合）等 ・準共済金……会社等の役員の任意退職等 ・解約手当金…掛金納付月数が12月以上ある者の任意解約等 （注）共済金は６月以上、準共済金および解約手当金は12月以上、掛金納付月数が必要。
共済金の額	・掛金納付月数および共済事由に応じた基本共済金（固定額）が規定されている。 ・運用収入等に応じ、経済産業大臣が毎年度定める率により付加共済金が加算。 ・掛金納付月数が240月未満の場合、解約手当金の額は掛金合計額を下回る。 ・解約手当金は、掛金納付月数に応じて、掛金合計額の80％～120％に相当する額。
受取方法	・一括受取り、分割受取りおよび一括受取りと分割受取りの併用から選択。 ・分割受取り、一括受取りと分割受取りの併用の場合は、次の要件が必要。 ①　請求事由が共済契約者の死亡でない共済金Ａまたは共済金Ｂ ②　請求事由発生日に60歳以上であり、共済金の額が一定額以上 分割受取りの場合：300万円以上 一括受取りと分割受取りの併用の場合：330万円以上 （一括受取額が30万円以上、分割受取額が300万円以上） ・分割受取りの時期と期間は次のとおり 受取時期：年６回（奇数月） 受取期間：10年または15年（いずれかを選択）

5 税法上の取扱い

掛金	所得控除（小規模企業共済等掛金控除）の対象
共済金	・共済金または準共済金の一括受取り→退職所得 ・共済金の分割受取り→雑所得（公的年金等控除が適用） ・遺族による共済金の受取り（死亡退職金）→相続税法上のみなし相続財産 ・解約手当金→退職所得（65歳以上）または一時所得（65歳未満）

6 契約者貸付制度

契約者には12カ月以上の掛金を納付していることなどの一定の要件を満たせば、納付した掛金の範囲内で契約者貸付制度を利用することができる。事業の運転資金や設備資金など幅広い用途に利用できる「一般貸付け」や「創業転業時・新規事業展開等貸付け」や「事業承継貸付け」などの契約者貸付制度がある。「一般貸付け」では、掛金の範囲内（掛金納付月数により掛金の70％～90％）で、10万円以上2,000万円以内（５万円単位）の借入れをすることができる。複数の種類を合わせて借り入れる場合の貸付限度額の上限も2,000万円である。なお、担保・保証人は不要である。

■小規模企業共済と中小企業退職金共済の比較

制度		小規模企業共済	中小企業退職金共済
加入対象者		小規模企業の事業主・役員など	中小企業の従業員
掛金	負担者	事業主・役員	事業主
	月額	70,000円以内で選択	30,000円以内で選択
	税法上の取扱い	全額所得控除 （小規模企業共済等掛金控除）	法人企業は全額損金、個人企業は全額必要経費
	国の助成	なし	あり
本人受取時	一時金	退職所得	
	分割	雑所得（公的年金等控除が適用）	

POINT!

小規模企業共済は、小規模企業の個人事業主または会社等の役員が事業を廃止した場合や役員を退職した場合などに、積み立てた掛金に応じた共済金を受け取ることができる国がつくった経営者の退職金制度である。

7 国民年金基金

1 国民年金基金とは

国民年金基金は、**第1号被保険者**などの希望者に対して、老齢基礎年金の上乗せ給付を行うことを目的とした制度である。2019年4月以降、47の地域型基金と22の職能型基金が合併し、**全国国民年金基金**として制度を運営している。なお、全国国民年金基金と職能型国民年金基金を会員にもつ国民年金基金連合会は、個人型確定拠出年金（iDeCo）も運営している。

① 第2号被保険者または第3号被保険者および国民年金の保険料の納付を免除されている者（法定免除・産前産後期間の免除を除く）は国民年金基金の加入員になれない。

② 付加年金の加入者は国民年金基金に加入できない（どちらか1つ）。

③ **職能型国民年金基金**（歯科医師国民年金基金、司法書士国民年金基金および日本弁護士国民年金基金）と全国国民年金基金の**いずれか一方の基金にしか加入できない**。

2 加入員

国民年金の**第1号被保険者、日本国内に住所を有する60歳以上65歳未満の任意加入被保険者**および**海外に居住する任意加入被保険者**は、全国国民年金基金などに申し出て、加入員になることができる。ただし、いったん加入すると任意で脱退することはできない。

加入者の資格を喪失する主な場合は、次のとおりである。

・60歳になったとき（海外に居住する任意加入被保険者を除く）
・65歳になったとき（任意加入被保険者である場合）
・第2号被保険者または第3号被保険者になったとき
・国民年金保険料の納付を**免除**されたとき（法定免除・産前産後期間の免除を除く）

3 掛　金

国民年金の保険料とは別に掛金を納める。掛金月額は、選択した給付の型、加入口数、加入時の年齢によって決まる。確定年金の掛金は男女同額であるが、終身年金の掛金は男女により異なる。掛金の上限は、**月額68,000円**である。**確定拠出年金の個人型年金（iDeCo）にも加入している場合は、その掛金と合わせて68,000円以内**となる。原則として減口は必要に応じてできる。

4月から翌年3月までの1年分の掛金を前納した場合、**0.1カ月分割引**される。

なお、次の①または②の場合においては、追納された日の属する月以後の特定追納期間（**上限60月**）に限り、掛金の上限を**月額102,000円**とすることができる（掛金特例)。

① 国民年金基金の加入員が国民年金保険料の追納を全部行った場合

② 国民年金保険料の追納を全部行った者が国民年金基金の加入員となった場合

4 年金の種類

■国民年金基金の加入タイプ

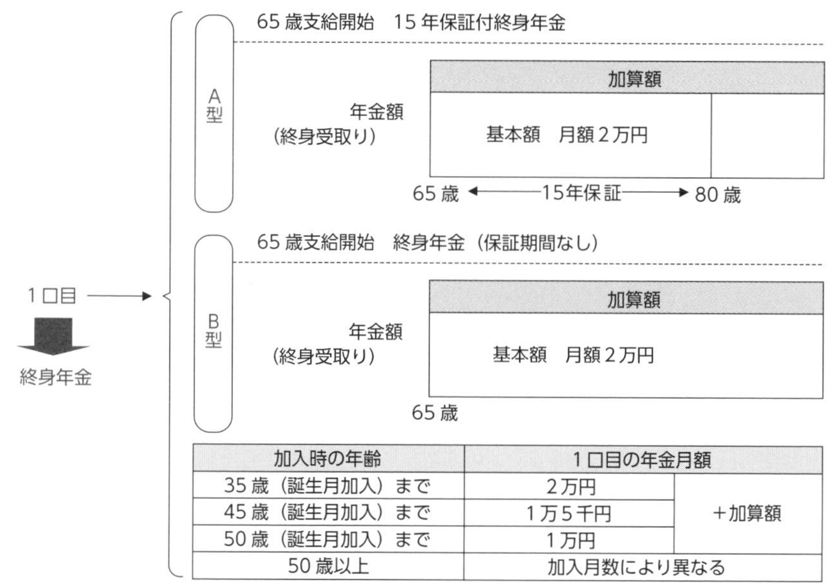

加入時の年齢	1口目の年金月額	
35歳（誕生月加入）まで	2万円	+加算額
45歳（誕生月加入）まで	1万5千円	
50歳（誕生月加入）まで	1万円	
50歳以上	加入月数により異なる	

2口目以降 → 終身年金と確定年金(5年～15年)がある

	年金月額	受給期間	その他給付内容
A型	1口月額1万円	終身年金	65歳受取り開始（15年間の保証期間あり）
B型	1口月額1万円	終身年金	65歳受取り開始（保証期間なし）
Ⅰ型	1口月額1万円	15年確定年金	65歳受取り開始
Ⅱ型	1口月額1万円	10年確定年金	65歳受取り開始
Ⅲ型	1口月額1万円	15年確定年金	60歳受取り開始
Ⅳ型	1口月額1万円	10年確定年金	60歳受取り開始
Ⅴ型	1口月額1万円	5年確定年金	60歳受取り開始

(注) 月額1万円は35歳誕生月まで加入の場合。
50歳誕生月までに加入の場合は月額5,000円。

<table>
<tr><td colspan="2">給付の種類</td><td>・老齢年金、遺族一時金
(注) 障害給付なし
・終身年金はA型(保証期間あり)およびB型(保証期間なし)、確定年金はⅠ型、Ⅱ型、Ⅲ型、Ⅳ型、Ⅴ型の合計7種類
・終身年金A型・B型、確定年金Ⅰ型・Ⅱ型は65歳から、確定年金Ⅲ型・Ⅳ型・Ⅴ型は60歳から</td></tr>
<tr><td colspan="2">加入方法</td><td>・口数制で、年金額・給付の型は加入者が選択可能
・1口目は必ず終身年金を選択(A型、B型のいずれか)</td></tr>
<tr><td rowspan="2">支給</td><td>老齢年金</td><td>・年金額が12万円未満の場合、年1回(偶数月のいずれかの月)に支給
・年金額が12万円以上の場合、年6回(偶数月の各15日)に分けて支給
・老齢基礎年金の繰上げ支給の請求をした場合、付加年金相当分を繰上げ請求したものとみなされ、繰上げ請求時から減額されて支給</td></tr>
<tr><td>遺族一時金</td><td>・終身年金B型以外に加入している者が年金受給前に死亡した場合、加入時の年齢、死亡時の年齢、死亡時までの掛金納付期間に応じた遺族一時金を支給
・終身年金B型以外に加入している者が保証期間中に死亡した場合、残りの保証期間に応じた遺族一時金を支給
・終身年金B型のみに加入している者が年金受給前に死亡した場合、1万円の遺族一時金を支給</td></tr>
</table>

5 税法上の取扱い

掛金	社会保険料控除として所得控除の対象
給付時 (老齢年金)	雑所得(公的年金等控除が適用)

(注) 一括で受け取ることはできない。

■個人の掛金と課税関係のまとめ

	個人の掛金(所得控除)	企業・事業主の掛金
厚生年金基金	社会保険料控除	損金算入・必要経費
確定給付企業年金	生命保険料控除	
確定拠出年金	小規模企業共済等掛金控除	
中小企業退職金共済	(個人の負担不可)	
小規模企業共済	小規模企業共済等掛金控除	—
国民年金基金	社会保険料控除	

POINT!

国民年金基金の加入対象者は、国民年金第1号被保険者、日本国内に住所を有する60歳以上65歳未満の任意加入被保険者および海外に居住する任意加入被保険者である。

チェックテスト

(1) 確定給付企業年金では、規約において20年を超える加入者期間を老齢給付金の支給要件とすることはできない。

(2) 確定拠出年金の通算加入者等期間が10年以上ある者は、55歳から老齢給付金を受給することができる。

(3) 確定拠出年金の企業型年金のマッチング拠出において、従業員が拠出することができる掛金の額は、事業主の掛金と合算して拠出限度額までであれば、いくらでもかまわない。

(4) 確定拠出年金の個人型年金（iDeCo）に加入している者は、国民年金の保険料に上乗せして、付加保険料を納付することはできない。

(5) 中小企業退職金共済に新たに加入する事業主は、加入後４カ月目から１年間、国から掛金月額の２分の１の助成を受けることができる。

(6) 中小企業退職金共済の退職金の支払い方法は、一時金払い、全額分割払い、一部分割払いのいずれかを選択する。

(7) 小規模企業共済に加入することができるのは、常時使用する従業員の数が20人以下（商業・サービス業は5人以下）の個人事業主や会社等の役員である。

(8) 国民年金基金の掛金の上限額は月額68,000円であるが、確定拠出年金の個人型年金（iDeCo）にも加入している場合は、その掛金と合わせて月額68,000円が上限となる。

(9) 日本国内に住所を有する60歳以上65歳未満の国民年金の任意加入被保険者は、国民年金基金に加入することができる。

(10) 国民年金基金の老齢給付を一時金で受け取る場合は退職所得として、年金で受け取る場合は雑所得として所得税が課税される。

解答

(1) ○　(2) ×　(3) ×　(4) ×　(5) ○
(6) ○　(7) ○　(8) ○　(9) ○　(10) ×

索　引

【サ行】

【タ行】

【ナ行】

【ハ行】

【マ行】

【ヤ行】

【ラ行】

<執筆者>
佐藤　和博（さとう・かずひろ）
１級ファイナンシャル・プランニング技能士／ＣＦＰ®認定者／行政書士／
合同会社ライフポータル代表社員
15年間の予備校講師を経て、2007年、有志とともに独立系FP会社および行政書士事務所を開業。会社設立、企業法務に加え、社員の福利厚生の一環として、ライフプランをもとにした、資産運用、生命保険の提案業務を中心に行う。これらの経験を活かし、大学や資格学校においてＦＰ技能検定受験対策講座の講師を担当するとともに、執筆活動を行っている。

よくわかるFPシリーズ

2024-2025年版(ねんばん)
合格(ごうかく)テキスト　FP技能士(ぎのうし)１級(きゅう)　②年金(ねんきん)・社会保険(しゃかいほけん)

（2013年度版　2013年６月30日　初版　第１刷発行）
2024年６月５日　初　版　第１刷発行

編著者　ＴＡＣ株式会社（FP講座）
発行者　多田敏男
発行所　ＴＡＣ株式会社　出版事業部（TAC出版）
〒101-8383
東京都千代田区神田三崎町3-2-18
電話　03（5276）9492（営業）
FAX　03（5276）9674
https://shuppan.tac-school.co.jp
印刷　株式会社　ワコー
製本　株式会社　常川製本

ISBN 978-4-300-11194-9
N.D.C. 338

資格の学校 TAC

魅惑のパーソナルファイナンスの世界を感じられる無料オンラインセミナーです！

「多くの方が不安に感じる年金問題」「相続トラブルにより増加する空き家問題」
「安全な投資で資産を増やしたいというニーズ」など、社会や個人の様々な問題の解決に、
ファイナンシャルプランナーの知識は非常に役立ちます。
長年、ファイナンシャルプランニングの現場で顧客と向き合い、
夢や目標を達成するためのアドバイスをしてきたベテランFPのTAC講師陣が、
無料のオンラインセミナーで魅力的な知識を特別にお裾分けします。
とても面白くためになる内容です！
無料のオンラインセミナーですので、気軽にご参加いただけます。
ぜひ一度視聴してみませんか？　皆様の世界が広がる実感が持てるはずです。

皆様の**人生を充実させる**のに必要なコンテンツがぎっしり詰まった**オンラインセミナー**です！

参考 **過去に行ったテーマ例**

- 達人から学ぶ「不動産投資」の極意
- 老後に役立つ個人年金保険
- 医療費をたくさん払った場合の節税対策
- 基本用語を分かりやすく解説 NISA
- 年金制度と住宅資産の活用法
- FP試験電卓活用法
- 1級・2級本試験予想セミナー
- 初心者でもできる投資信託の選び方
- 安全な投資のための商品選びのチェックポイント
- 1級・2級頻出論点セミナー
- そろそろ家を買いたい！実現させるためのポイント
- 知らないと損する！社会保険と公的年金の押さえるべきポイント
- 危機、災害に備える家計の自己防衛術を伝授します
- 一生賃貸で大丈夫？老後におけるリスクと未然の防止策
- 住宅購入時の落とし穴！購入後の想定外のトラブル
- あなたに必要な保険の見極め方
- ふるさと納税をやってみよう♪ぴったりな寄付額をチェック

書籍で学習されている方のための直前期の試験対策に最適のコース!

1級の書籍で一通り知識のインプット学習を進めている方が、
直前期に最短で効果的な知識の確認と演習を行うことができるコースです。
難関である1級学科試験を突破するために、TACの本試験分析のノウハウを手に入れて
合格を勝ち取りたい方にとって打ってつけのコースです。

最新の試験分析のエッセンスが詰まった あなたにオススメのコース

1級直前対策パック
（総まとめ講義＋模擬試験）

TACオリジナル教材「総まとめテキスト」（非売品）が手に入ります！

TAC FP 1級直前対策パック

最新の法改正を総ざらいできることはもちろん、

- ☑3年で6回以上出た「サブロクチェック」
- ☑穴埋めで確認「キーワードチェック」
- ☑押さえておくべき「定番出題パターン」
- ☑出題傾向をベースにした「予想問題」など、

1級試験の"急所"がばっちり押さえられます！

資格の学校 TAC

TAC FP講座 オススメコース

過去問トレーニングで万全の試験対策を！

1級過去問解説講義

WEB講座専用コースで、いつでも好きな時間に学習できます。

ＦＰ技能検定試験の本試験問題を全問解説する講座です。答えを見ただけでは理解しにくい部分も、ベテラン講師が問題に書き込みながら行う解説により、しっかりと理解できるようになります。また本講座はWeb通信講座なので、いつでも講義を視聴することができ大変便利です。定番問題の解法テクニックの習得や試験直前の総まとめとしてご利用ください。

特長 POINT 1
TAC講師が過去問を全問解説

特長 POINT 2
Web配信なので24時間、好きな時間帯に自由に学習可能

特長 POINT 3
試験傾向も把握でき、重要論点を中心に効率よく学習できるようになる

講義時間

約90分/各回･各科目

受講料

¥2,100/各回･各科目

※入会金は不要です。
※受講料には消費税10％が含まれます。

【ご注意】
お申込みはe受付（インターネット）のみです。
インターネットによるお申込みの場合には、クレジットカード決済をご選択頂けます。
e受付はこちらから
→https://ec.tac-school.co.jp

教材について

当コースには、本試験問題はついておりません。過去問題及び解答は、本試験実施団体（日本ＦＰ協会・金融財政事情研究会）のHPから無料でダウンロードできますので、ご自身でご用意ください。

〇日本FP協会：
https://www.jafp.or.jp/exam/mohan/

〇金融財政事情研究会：
https://www.kinzai.or.jp/ginou/fp/test-fp

※WEBには視聴期限があります。

1級または2級FP技能士 合格者限定 Web通信講座

AFP認定研修（技能士課程）

CFP® を受験するための受験資格としてAFPに登録したい方はもちろん、日本FP協会の資格会員になりたい方におススメです。

教材

- FP総論（日本FP協会）：１冊
- 学習補助テキスト：６冊（※）
- 提案書課題／提案書作り方ガイド：１冊
- 提案書（提出用）：１冊

※学習補助テキストはPDFデータでご提供します。
冊子もご希望の方は「Web＋冊子版」コースをお申込みください。

穴埋め形式なので
たった1日で作成できます！

◆受講料（入会金不要・税込・教材費込）

学習補助テキスト	Web版のみ	￥ 8,800
	Web＋冊子版	￥15,000

資料のご請求・お問い合わせは 通話無料 **0120-509-117**

月～金 9:30～19:00
土日祝 9:30～18:30

書籍の正誤に関するご確認とお問合せについて

書籍の記載内容に誤りではないかと思われる箇所がございましたら、以下の手順にてご確認とお問合せをしてくださいますよう、お願い申し上げます。
なお、正誤のお問合せ以外の**書籍内容に関する解説および受験指導などは、一切行っておりません。**
そのようなお問合せにつきましては、お答えいたしかねますので、あらかじめご了承ください。

1 「Cyber Book Store」にて正誤表を確認する

TAC出版書籍販売サイト「Cyber Book Store」のトップページ内「正誤表」コーナーにて、正誤表をご確認ください。

CYBER BOOK STORE TAC出版書籍販売サイト

URL:https://bookstore.tac-school.co.jp/

2 1の正誤表がない、あるいは正誤表に該当箇所の記載がない ⇒ 下記①、②のどちらかの方法で文書にて問合せをする

★ご注意ください★

お電話でのお問合せは、お受けいたしません。
①、②のどちらの方法でも、お問合せの際には、「お名前」とともに、
「対象の書籍名(○級・第○回対策も含む)およびその版数(第○版・○○年度版など)」
「お問合せ該当箇所の頁数と行数」
「誤りと思われる記載」
「正しいとお考えになる記載とその根拠」
を明記してください。
なお、回答までに1週間前後を要する場合もございます。あらかじめご了承ください。

① ウェブページ「Cyber Book Store」内の「お問合せフォーム」より問合せをする

【お問合せフォームアドレス】

https://bookstore.tac-school.co.jp/inquiry/

② メールにより問合せをする

【メール宛先 TAC出版】

syuppan-h@tac-school.co.jp

※土日祝日はお問合せ対応をおこなっておりません。
※正誤のお問合せ対応は、該当書籍の改訂版刊行月末日までといたします。

乱丁・落丁による交換は、該当書籍の改訂版刊行月末日までといたします。なお、書籍の在庫状況等により、お受けできない場合もございます。
また、各種本試験の実施の延期、中止を理由とした本書の返品はお受けいたしません。返金もいたしかねますので、あらかじめご了承くださいますようお願い申し上げます。

TACにおける個人情報の取り扱いについて
■お預かりした個人情報は、TAC(株)で管理させていただき、お問合せへの対応、当社の記録保管にのみ利用いたします。お客様の同意なしに業務委託先以外の第三者に開示、提供することはございません(法令等により開示を求められた場合を除く)。その他、個人情報保護管理者、お預かりした個人情報の開示等及びTAC(株)への個人情報の提供の任意性については、当社ホームページ(https://www.tac-school.co.jp)をご覧いただくか、個人情報に関するお問い合わせ窓口(E-mail:privacy@tac-school.co.jp)までお問合せください。

(2022年7月現在)